教育部2018年度示范马克思主义学院和优秀教学科研团队建设项目重点选题：
“改革开放40年高校思想政治理论课建设经验研究”（项目编号：18JDSZK019）；
2018年燕山大学研究生教育教学改革项目：
“‘《习近平谈治国理政（第一、二卷）》研读’课程规范性建设研究”（项目编号：JG201801）

新时代的“中国之治”

——燕山大学研究生思想政治理论课教研成果集

王新华　陈步伟　主编

燕山大学出版社
2020·秦皇岛

图书在版编目（CIP）数据

新时代的“中国之治”：燕山大学研究生思想政治理论课教研成果集 / 王新华，陈步伟主编. —秦皇岛：燕山大学出版社，2020.7

ISBN 978-7-81142-188-0

Ⅰ. ①新… Ⅱ. ①王… ②陈… Ⅲ. ①高等学校－思想政治教育－教学研究－中国 Ⅳ. ① G641

中国版本图书馆 CIP 数据核字（2020）第 079750 号

新时代的“中国之治”——燕山大学研究生思想政治理论课教研成果集

王新华　陈步伟　主编

出 版 人：陈　玉
责任编辑：孙志强
封面设计：刘韦希
出版发行：燕山大学出版社 YANSHAN UNIVERSITY PRESS
地　　址：河北省秦皇岛市河北大街西段438号
邮政编码：066004
电　　话：0335-8387555
印　　刷：英格拉姆印刷(固安)有限公司
经　　销：全国新华书店

开　　本：700mm×1000mm 1/16　　印　　张：9.5　　字　　数：150千字
版　　次：2020年7月第1版　　印　　次：2020年7月第1次印刷
书　　号：ISBN 978-7-81142-188-0
定　　价：38.00元

前 言

原原本本地品读和感悟习近平总书记关于治国理政的重要论述，不仅是新时代高校思想政治教育的重要环节，也是新时代研究生思想政治理论课的题中应有之义。作为研究生公共必选课，“《习近平谈治国理政（第一、二卷）》研读”课程的开设不仅较好地实现了原汁原味读经典的教育意图，而且实现了使学生更好地理解习近平新时代中国特色社会主义思想的教育目的。为了科学评测教学效果，课程小组特意将教师的教研论文与学生的研读心得作为重要依据，进而客观地评价课程的“教”与“学”的质量和效果，为课程的完善提供重要参考。同时，课程小组将部分优秀作品汇编成集，以更好地展示教学成果。这就是此论文集的由来。

本论文集由三编组成，第一编“理论探讨与思想汇聚”主要选编了部分教师关于教学内容的优秀论文，充分展示了“教”的规范性；第二编“思想初探与思想星火”主要选编了部分学生关于课程内容的较为成熟的理论论文，充分突显了“学”的有效性；第三编“教学感悟与研究心得”主要选编了师生对于教学方式与方法的理论感悟和心得体会，为进一步改进教学模式提供重要参考。

由于论文集编纂时间较为仓促，可能有疏漏之处，欢迎学界同人批评指正。

王新华

2020 年 1 月于燕山大学人文馆

目　录

第一章

理论探讨与思想汇聚

- 从苏共亡党看“两面人”的危害
- 建设生态文明，打造美丽中国
- 进行伟大斗争的民生指向
- “市场决定”的三重意蕴
- 习近平关于高校思想政治工作的重要论述研究
- 为何要构建人类命运共同体
- 国际比较视阈下的中国道路自信
- 深入理解习近平新时代中国特色社会主义思想的核心要义
- 共同富裕与共同幸福：社会主义核心价值观的再次凝练

从苏共亡党看“两面人”的危害[①]

2017年是十月革命胜利100周年。苏联共产党从不足二十万人时夺取政权到两千万人时失去政权并亡党，历史教训值得深思。各界对于苏共亡党原因的揭示至今仍然纷纷扰扰、莫衷一是，但无论是对体制机制僵化的判断，还是对利益集团“祸党”的揭露、对民主集中制原则遭到严重破坏的惋惜，都不能离开一点，那就是，苏共党员干部对党政治忠诚度的丧失、“两面人”现象的泛滥所造成的言与行的高度脱节，对苏共这样一个执政70多年的大党来说，具有极强的颠覆性，是苏共亡党的“真凶”之一。

苏联部长会议主席雷日科夫指出：正是由于苏共领导人的双重人格，导致了整个苏联社会的不稳定，导致了领导和人民群众的相互疏远[②]。这种双重人格表现在：

共产主义的口号与实用主义的行动高度脱节。应该说，作为一个以马克思主义作为自己指导思想的政党，在苏共党的纲领中，共产主义始终是党的最高奋斗目标，被写在党的章程以及各种文件中。但是，从赫鲁晓夫否定斯大林开始，历代苏共领导人的历史唯心主义和历史虚无主义的世界观，在苏共党内造成了极大的混乱。崇高的理想变成了时髦的口号，探究真理的追求变成了为了权力和地位进行的相互倾轧。在勃列日涅夫时期，虽然每次党代会和中央全会后，会议精神都要迅速传达，而且还要在全国范围内组织学习，但是很多人在会议上说的是一套，在餐桌上以及亲朋好友圈说的又是另一套，“夜间人”“厨房文化”成为党内生活常态，甚至连勃列日涅夫这位总书记自己“到60年代后期，也已不再相信社会主义的胜利、马列主义的原则或者共产主义的前途”。他甚

① 作者：王新华，燕山大学马克思主义学院教授。此文发表于《燕山大学学报（哲学社会科学版）》2017年第5期，题目为《从苏共亡党看“两面人”的危害》，收录时略有改动。

② 黄苇町：《苏共亡党十年祭》，江西高校出版社2002年版，第64页。

至告诉自己的弟弟，所谓的“共产主义”不过“都是哄哄老百姓听的空话”[①]。戈尔巴乔夫这位曾经被寄予厚望的总书记更是不仅完全否认共产主义远大理想的崇高性，甚至把它贬低为“只是社会本身逐渐失去原先状况的一种运动”。戈尔巴乔夫还断言，过去一个多世纪以来以实现共产主义为目标的国际共产主义运动的“主航道”就是错误的，人类社会不可避免地要发展到共产主义的理论是“毫无根据的观点”[②]。既然如此，现实中为这样虚无缥缈的事情而去耗费精力还有什么意义呢？现实生活中的权力、地位不仅能给自己带来安全和尊严，更能带来感官上的享受，又怎能不让人垂涎？

“人民公仆”的承诺与“特权阶层”的现实高度脱节。理想信念的丧失，必然带来行动上的“决堤”。在社会主义的苏联，人民从小受到的教育就是生活在这样的国家，没有剥削、没有压迫、人人平等，苏维埃国家工作人员都是人民的公仆。但长时间以来，从特供权、宅第权、特教权，到圈子文化、任人唯亲……残酷的现实把种种“承诺”击得粉碎：勃列日涅夫不仅酷爱打猎、喜欢住豪华别墅，还爱好收藏高级轿车，他收藏的高级轿车达上百辆之多[③]。这些“奢侈”的爱好一般的劳动人民是望尘莫及的，官员们利用自己的职务之便享受着无人能比的特权。不仅如此，党内阿谀奉承之风盛行，官员们从拍马屁和唯命是从中得到丰厚的回报，享受着各种各样优惠待遇。苏共也随之实现了从垄断权力到垄断资源、将理想权力化、将权力特权化的“蜕变”。“你在职位的阶梯上爬得越高，归你享受的东西就越丰富。如果你爬到了党的权力金字塔的顶尖，则可享受一切——你进入了共产主义！”[④]老百姓的嘲弄之语道破了权力在苏共由人民的“公仆”到共产主义“贵族”蜕变过程中的作用。公仆的承诺与特权的横行形成的鲜明对比，使大多数苏联民众意识到“党对他们已不是最光明、最先进东西的化身”“真正有原则的共产党员很少遇到”，甚至认为

① 李慎明，陈之骅：《居安思危——苏共亡党二十年的思考》，社会科学文献出版社2011年版，第460页。

② 黄苇町：《苏共亡党十年祭》，江西高校出版社2002年版，第237页。

③ 郭春生：《勃列日涅夫18年》，人民出版社2009年版，第253页。

④ [俄] 鲍里斯·叶利钦：《叶利钦自传》，东方出版社1991年版，第140-143页。

现在这个党再也不是列宁时期和卫国战争时期那样一个为人民、为国家竭尽全力的党了，再也不是“按照思想观点而联合起来的最优秀知识分子的组织了”，而是成了一些人“升官发财方便的跳板”[①]。

对资本主义意识形态的“批判”与对西方物质与文化的“痴迷”高度脱节。苏共领导人一边批判西方资本主义腐朽的生活方式，为了抑制西方意识形态攻势而限制人们接触西方社会，一边又对西方的物质生活垂涎三尺，把从特供商店低价购买西方国家名牌商品和把子女送到西方留学作为自己的特权与荣耀。戈尔巴乔夫数典忘祖的“改革”赢得了西方赐予的“伟大改革家”的“美誉”，成了《时代》周刊等西方理论界和舆论的“宠儿”，他因此获得了1990年诺贝尔和平奖，并多次登上《时代》封面。戈尔巴乔夫本人对此倍感荣耀。西方国家以“稿费”等形式给予戈尔巴乔夫个人大量现金，使他的“个人账户上很快就有了100万美元”，而其夫人赖莎也因著作在美国出版而获得300万美元的稿费。每到周末，在莫斯科最大的特供商店门前，“一辆辆轿车停在大楼前面，把整条街堵塞得满满当当”。在这里，让这些官员们垂涎的法国白兰地、美国香烟、瑞士巧克力等应有尽有，以至于老百姓慨叹：对于上层人物来说，共产主义早已经建成了。

忠诚表白与阳奉阴违的高度脱节。一边高喊着党的团结和对党的忠诚，一边当面一套、背后一套，对领导人吹吹拍拍、歌功颂德，而一旦“上位”，掌握了权力，就大搞历史虚无主义，歪曲历史，以否定前任作为抬高自己的阶梯。为了得到斯大林的认可，赫鲁晓夫曾经创造了20分钟的发言歌颂斯大林32次的“纪录”，但在斯大林去世后，赫鲁晓夫的《秘密报告》不仅全盘否定了斯大林，而且连斯大林的遗体也被赫鲁晓夫从列宁墓中移出来，葬到无名烈士墓中。1964年4月27日，赫鲁晓夫70岁生日时，由勃列日涅夫宣读并且由所有苏共领导人签名的祝贺信肉麻地宣称70岁的赫鲁晓夫“只度过了人生的一般岁月”“还会再活70年”，也会“活得同样辉煌，同样富有成果”。但话音未落，

① 李慎明，陈之骅：《居安思危——苏共亡党二十年的思考》，社会科学文献出版社2011年版，第276页。

10 月 14 日，度假中的赫鲁晓夫就被勃列日涅夫等人宣布“辞职”。

民主集中制的原则与党内“圈子文化”的高度脱节。在选人用人上，斯大林提出政治路线确定后“干部决定一切”的著名口号，赫鲁晓夫强调应该大胆地“把在实际工作中经受过考验的青年干部提拔到领导岗位上来”[①]。勃列日涅夫提出“要使那些熟悉情况、在共产党员和党外群众中享有威信的能干的组织者担任党的机关和国家机关、经济组织和社会组织的领导”。戈尔巴乔夫时期，更是制定了“干部五条”，对领导干部理论素养、组织纪律性、民主集中制、干部监督等都提出了明确要求。而实际上在苏共党内却是“圈子文化”盛行，任人唯亲，使勃列日涅夫、契尔年科这样唯唯诺诺的平庸之辈能够走上领导岗位，戈尔巴乔夫、雅科夫列夫、叶利钦这样的对共产党、共产主义事业并无感情甚至极端仇恨的人能够执掌苏共大权，原因都是由于得到了上司的“赏识”。在谈到自己之所以被“重用”时，赫鲁晓夫曾坦言自己的提升“出于斯大林本人的成分比卡冈诺维奇的更多”“（斯大林）一直通过他的妻子注意着我。她在斯大林面前为我唱赞美诗，于是斯大林就让卡冈诺维奇帮我的忙。”[②]勃列日涅夫时期，在他周围，聚集了苏共历史上最大的政治帮派——第聂伯罗帮。曾经受到勃列日涅夫提拔重用的戈尔巴乔夫在谈到他的这位上司如何选拔干部的时候曾经说过，勃列日涅夫的出发点是，“你站在他的一边，对他忠心耿耿”[③]。

这些严重的“脱节”导致群众强烈的逆反心理，并且由此及彼，认为苏共所有的说教都是假的，进而对社会主义理论失去信心，对共产党失去信心，苏共垮台时的全民“失语”现象折射的恰是这种“哀莫大于心死”的结局。

“两面人”严重丧失共产党人的人格底线。共产党人应该具有高尚的人格，他们应该为人真诚、对国忠诚、对民赤诚、干事笃实、律己严格、襟怀坦荡，应该是“一个高尚的人，一个纯粹的人，一个有道德的人，一个脱离了低级趣味的人，一个有益于人民的人”，应该以诚待人、以身许国、求真务实、夙夜

① 黄苇町：《苏共亡党十年祭》，江西高校出版社 2002 年版，第 111 页。

② 赫鲁晓夫：《赫鲁晓夫回忆录》，东方出版社 1988 年版，第 73 页。

③ [俄] 米·谢·戈尔巴乔夫：《戈尔巴乔夫回忆录》，社会科学文献出版社 2003 年版，第 57 页。

在公。“实事求是”之“实”，内在地包含着共产党人必须做人老实、言行一致、表里如一。“两面人”则“修身不真修、信仰不真信”，他们“很会伪装，喜欢表演作秀”，他们表里不一、欺上瞒下，说一套、做一套，台上一套、台下一套，当面一套、背后一套，“手腕高得很”①。邓小平同志说：“共产党人干事业，一靠真理的力量，二靠人格的力量。共产党人拥有人格力量，才能无愧于自己的称号，才能赢得人民赞誉。”②否则，一旦失去人格的力量，就会私欲横生、丑态百出、底线尽失，最终像苏共那样为人民所唾弃、所抛弃。

“两面人”严重丧失共产党人的党性观念。何谓党性？“唯物主义本身包含有所谓党性，要求在对事变做任何估计时都必须直率而公开地站在一定社会集团的立场上。”③党性就是共产党人必须坚定的理想信念，就是共产党人必须牢记的为民服务宗旨，就是共产党人铁一般的纪律。党性表现为真学、真懂、真信马克思主义，表现为实实在在地为人民服务。“有实事求是之意，无哗众取宠之心。”④这是一个共产党员起码应该具备的品质。共产党员的党性要求党员要清清白白做人，堂堂正正做事，勤勤恳恳工作，默默闻闻奉献，台上台下、人前人后都一样，既是共产主义远大理想和中国特色社会主义共同理想的坚定信仰者，又是推进目标实现的忠实执行者、自觉实践者，社会和谐的积极促进者。否则，公开场合大喊坚定理想信念，背地里不信马列信鬼神、不问苍生问大师，台上大讲为人民服务，台下团团伙伙、结党谋私，必将离党性要求越来越远，与人民群众越来越生疏，亡党亡国的危险也就越来越靠近了。

“两面人”严重违反共产党人的纪律。从组织程序上看，每名党员都是经过庄严宣誓后入党的，因此理应做到言行一致、表里如一。如果党员背弃自己的誓言，对党不说真话、欺瞒组织，“党内的互相信任就不可能建立，党的意

① 习近平：《在第十八届中央纪律检查委员会第六次全体会议上的讲话》，《廉政瞭望》，2016 年第 5 期。

② 习近平：《在纪念邓小平同志诞辰 110 周年座谈会上的讲话》，《人民日报》，2014 年 8 月 21 日第 6 版。

③ 列宁：《列宁全集》第一卷，人民出版社 2013 年版，第 363 页。

④ 毛泽东：《毛泽东选集》第三卷，人民出版社 1991 年版，第 801 页。

志的统一和铁的纪律也就不能建立”[①]。中国共产党从成立那一天，就要求党员必须忠诚老实，1956年党的八大把“对党忠诚老实”作为党员义务写进党章。十八届六中全会通过的《新形势下党内政治生活若干准则》明确要求：“全体党员必须对党忠诚老实、光明磊落，说老实话、办老实事、做老实人，如实向党反映和报告情况，反对搞两面派、不做两面人。”而“两面人”与上述要求完全背道而驰，破坏党的纪律，损害党的形象，侵蚀党的肌体，使党由一个有着严明政治纪律的组织“战斗队”演化为任何人都可以恣意而为的松散“俱乐部”，最后必然是导致由“弱”到“散”到“垮”的结局。

“两面人”严重伤害人民群众对党的信任。“两面人”亵渎党的威信，他们是政治投机分子，为了攫取个人私利机关算尽，如果他们在党内大行其道，那么老实人必然吃亏，人民群众必然会质疑党的干部政策的公正性和权威性。如果负责选人用人的领导本身就是“两面人”，管思想的出卖灵魂，管反腐败的带头腐败，管干部选拔的带头卖官鬻爵，党和国家的政治生态就会受到全局性的破坏。“两面人”对群众没有真感情，他们的一举一动都是伪装和作秀。他们肆意侵害群众利益，对群众搞空头承诺、不办实事，久而久之，必然使党群干群关系产生感情割裂，把党和人民的关系由血肉关系、鱼水关系变成油水关系，甚至水火关系，最终使党永远失去执政的基础。

有鉴于此，为了汲取苏共亡党的教训，中国共产党要把对“两面人”的防范和根除摆到党的政治生活的最重要的位置上，要把“公道正派”作为干部工作核心理念贯穿到选人用人的全过程，党性教育要达到“知”“信”“行”的统一，消除“两面人”的思想道德土壤。全方位、多角度地考察干部的“德”，防止失实失真，不给“两面人”以藏身之地，更不能让他们得势祸国殃民。

① 陈云：《陈云文选》第一卷，人民出版社1995年版，第201页。

建设生态文明，打造美丽中国[①]

党的十九大报告不仅对生态文明建设提出了一系列新思想、新目标、新要求和新部署，为建设美丽中国提供了根本遵循和行动指南，更是首次把美丽中国作为新时代中国特色社会主义强国建设的重要目标。美丽中国目标的提出，不仅寄予了人民对未来美好生活的期盼，也反映了中国共产党对人类文明规律的深刻认识、对现代化建设目标的丰富理解。

一、建设美丽中国是对人类文明发展规律的深邃思考，突出了发展的整体性和协同性

人类文明的发展史就是人与自然的关系史。从原始文明时期人类对自然的敬畏和崇拜，到农业文明时期人类对自然的模仿和改造，再到工业文明时期人类对自然的征服和控制，这一发展历程体现了人与自然关系的嬗变。在工业文明出现以前，人类对自然虽然造成一定程度的破坏，但并未超出自然的自身调整能力，人与自然的矛盾还未充分显露。然而，到了工业文明阶段，由于自然科学的发展、生产技术的进步，人类在创造巨大物质财富的同时，也对自然造成了严重破坏，导致人与自然关系失衡。为了治理环境问题，需要找到一条既能实现现代化又能保护环境的绿色发展之路，而美丽中国的提出正是基于这一深层次的考量。党的十九大报告把社会主义现代化强国的目标从“富强民主文明和谐”丰富为“富强民主文明和谐美丽”，即从物质文明、政治文明、精神文明、社会文明、生态文明的高度，提出推进新时代中国特色社会主义发展的目标，凸显了发展的整体性和协同性。

建设美丽中国是顺应人民对美好生活的向往，体现了以人民为中心的发展

① 作者：黄娟，燕山大学马克思主义学院副教授。此文发表于《人民论坛》2018 年第 6 期，题目为《建设生态文明，打造美丽中国》，收录时略有改动。

思想。党的十九大报告指出，“中国特色社会主义进入新时代，我国社会主要矛盾已经转化为人民日益增长的美好生活需要和不平衡不充分的发展之间的矛盾”。这是对新时代我国社会主要矛盾变化作出的重大判断，是理论创新的重大成果之一。改革开放以来，我国经济快速增长，人民的物质文化生活水平得到显著提升，原有的需求也逐步得到满足。而进入新时代，人民对美好生活需要的内容更广泛，既包括升级的“硬需要”，也包括新生的“软需要”，其中就包括人民对优美生态环境的需要。目前我国存在优质生态产品供给不足问题，建设美丽中国，正是针对这一痛点。建设美丽中国是为了满足人民群众日益增长的生态需求，是在直面我国严峻的生态环境和资源形势基础上作出的重要决断，展现了党的科学发展理念新境界，体现了以人民为中心的发展思想，彰显了人民至上的价值取向。

建设美丽中国为全球生态安全作贡献，彰显对人类福祉负责的担当。生态环境问题是最典型的超越国家和地区界限的全球性问题。当前，环境污染、资源匮乏等问题已经成为人类生存和发展的严重障碍，世界各国都应担负起保护生态环境、维护生态平衡的责任和义务，加强合作、共同应对。我国作为人口众多、资源相对短缺的发展中国家，构筑美丽中国，治理生态环境、保障生态安全，正是切实履行对国际社会绿色发展的政治承诺和自觉担当，体现了我国对人类长远发展的高度负责。

二、美丽中国建设取得显著成效

党的十八大以来，以习近平同志为核心的党中央高度重视并大力推进生态文明建设，取得了显著成效。国家统计局数据显示，截至 2016 年，全国万元国内生产总值能耗下降 5%，煤炭消费量占能源消费总量的 62%，比上年下降 2%；水电、风电、天然气等清洁能源消费量占能源消费总量的 19.7%。空气质量方面，在监测的 338 个城市中，空气质量达标的城市占 24.9%，未达标的占 75.1%。

我国在生态治理制度方面也取得了重大进展。为了遏制环境污染，国家制定出台了一系列的法律与政策，如新《环境保护法》《大气污染防治行动计划》《水污染防治行动计划》《土壤污染防治行动计划》等。还打出了一套理念先行、目标明确、顶层设计、系统推进的生态体制改革“1+6组合拳”，即通过了生态文明体制改革总体方案和相关配套方案。这些保证生态治理制度化的方案，被认为是史上最严厉的治理之法。管理方式也实现了由GDP主义向生态化管理方式的转变，即由过去“唯GDP论英雄”转变为“不简单以GDP论英雄”。过去对政府官员政绩的考核主要看其任期内对经济发展的贡献，现在将环境污染也作为一项考核标准，并且终身追责。我国现在的发展指标不仅仅是经济增长率，生态环境也逐渐变成了“指挥棒”，这不仅反映了一个国家、一个省份生态财富的增加，而且显示出中国正在告别“唯GDP时代”。

在生态文化建设方面，全国各地有序推广生态文化教育进家庭、进学校、进企业、进机关的活动，使“绿水青山就是金山银山”“像对待生命一样对待生态环境”“山水林田湖草是一个生命共同体”等生态文明理念成为全党、全社会、全体人民的共识。现今，越来越多的地方把加强环境保护作为推动经济社会发展和生态环境保护协同共进的机遇和重要抓手，越来越多的企业认识到加强环境保护符合自身长远发展利益，越来越多的民众开始关注环境问题，认识到保护环境人人有责，实现生活方式低碳、环保、文明的“绿色化”转变。

三、建设美丽中国的路径

首先，建设美丽中国要树立社会主义生态文明观。观念引导行动，有什么样的观念就会有什么样的行动。社会主义生态文明观，是在对工业文明和传统现代化发展模式深刻反思的基础上，提出的一种有效指导经济社会发展和生态环境保护的新型文明观，有利于实现人与自然的和谐共生。树立社会主义生态文明观，有助于人们充分认识人与自然的交互关系，使尊重自然、顺应自然、保护自然、人与自然和谐共生等理念深入人心，从而激发其忧患意识和保护生态的道德责任。人们只有树立社会主义生态文明观，坚持节约优先、保护优先、自然恢复为主的方针，才能还自然以宁静、和谐、美丽。

其次，建设美丽中国需要大力推进绿色发展。当前，我国经济社会发展与生态资源环境保护间的矛盾日益突出，为了缓解并逐步解决这一矛盾，需要彻底改变原有高投入、高消耗、高污染的经济增长模式，积极探索低投入、低消耗、低污染的绿色发展模式，建立健全绿色低碳循环发展经济体系，从源头上推动经济实现绿色转型。要依靠科技进步发展绿色技术，推动节能环保产业、清洁生产产业、清洁能源产业发展，提高资源利用率，形成清洁低碳、安全高效的能源体系。同时要积极发展绿色金融，动员和激励更多的社会资本进入绿色产业，加快经济的绿色转型。

再次，建设美丽中国需要加强制度建设。制度建设是环境保护工作的重中之重，目前我国生态文明制度建设还存在一定的不足。为此，党的十九大报告提出了一系列推进生态文明建设的指导性意见。比如，加快建立绿色生产和消费的法律制度和政策导向，建立健全绿色低碳循环发展的经济体系；构建政府为主导、企业为主体、社会组织和公众共同参与的环境治理体系；严格保护耕地，扩大轮作休耕试点，健全耕地、草原、森林、河流、湖泊休养生息制度，建立市场化、多元化生态补偿机制等。通过这些制度设计和制度保障，形成不敢且不能破坏生态环境的高压态势和社会氛围，从而为实现美丽中国建设提供制度保障。

进行伟大斗争的民生指向[①]

伟大斗争是党和国家在新时代进行改革发展的总抓手，也是新时代我们党战斗品格的集中展现和完美诠释，是实现人民幸福的必要手段。当前国际环境复杂多变，我国社会主要矛盾已经实现历史性转化，而有效抵御各种重大风险，着力改善和保障民生，使人民群众共享改革发展的成果，必须在民生领域进行具有许多新的历史特点的伟大斗争。

一、新时代进行伟大斗争与中国共产党的初心

党的十九大报告指出，中国共产党人的初心和使命，就是为中国人民谋幸福，为中华民族谋复兴。为了践行初心，实现梦想，党带领人民在各个历史时期进行了一系列伟大斗争。而新的历史条件下，我们党所面临的挑战、困难、矛盾等社会问题层出不穷，只有在解决问题、化解矛盾的过程中深入进行具有许多新的历史特点的伟大斗争，方能提高党的执政能力和巩固党的执政地位。

从理论来看，伟大斗争是马克思关于无产阶级实现革命理想的手段。党带领人民进行伟大斗争是马克思关于无产阶级革命斗争的重要内容，是无产阶级实现自身发展的重要途径。马克思在《共产党宣言》中指出：“共产党人不屑于隐瞒自己的观点和意图。他们公开宣布：他们的目的只有用暴力推翻全部现存的社会制度才能达到。”[②]随着时代的发展变化，马克思关于无产阶级的革命斗争已经发生了重大变化，但在社会主义远大理想未实现以前，革命的思维依然不能丢弃。

从历史来看，伟大斗争贯穿中国共产党发展历程的始终。在近代中国内忧

① 作者：李婕，燕山大学马克思主义学院副教授；刘东锋，燕山大学马克思主义学院硕士研究生。此文发表于《牡丹江师范学院学报（社会科学版）》2019 年第 2 期，题目为《进行伟大斗争的民生指向》，收录时略有改动。

② 马克思，恩格斯：《共产党宣言》，人民出版社 2014 年版，第 65 页。

外患的黑暗处境中，中国人民经历了山河破碎、民不聊生的深重苦难，为了拯救民众于水火，无数仁人志士抛头颅、洒热血，但终究未能改变近代中国的社会局面。中国共产党的成立为中国人民指明了方向与道路，在28年艰苦卓绝的斗争中，带领各族人民谱写了气壮山河的历史新篇章，推翻了压在中国人民头上的“三座大山”，为实现人民幸福奠定了物质基础，提供了制度保障。

从现实来看，改革开放是实现人民幸福指向的新的伟大斗争。改革开放被称作中国的“第二次革命”，但这种革命是温和渐进的、非暴力的新形式。在中国，改革开放发端于思想领域的斗争，伴随着社会思想的进一步解放，为其他领域的改革奠定了基础。从安徽小岗村的家庭联产承包责任制到城市企业改革，每一步都在与传统固有思想作斗争，邓小平指出生产力方面的革命也是革命，而且是很重要的革命，从历史的发展来讲是最根本的革命。随着改革开放的深入，在生产领域的改革进一步推动了社会的发展和进步，历史和现实已经证明并将继续证明，以改革开放为基点的新的伟大斗争必将取得更加辉煌的成就。

二、为了人民进行伟大斗争

全心全意为人民服务是党的宗旨，也是改革发展的价值取向，只有深化为人民服务的力度，提高为人民服务的质量，拓展为人民服务的渠道，才能在实现中华民族伟大复兴中国梦的历史征程中凝聚起蓬勃的力量。

经济富民。邓小平指出：“社会主义的本质，是解放生产力，发展生产力，消灭剥削，消除两极分化，最终实现共同富裕。”[①]党的十一届三中全会在“拨乱反正”的基础上提出“以经济建设为中心”的发展思路，为进一步解放生产力、发展生产力、实现人民富裕创造了前提条件。十八大以来，中国经济发展进入新常态，新的经济增长点已经发生了转变，加快推进质量变革、效率变革、动力变革成为经济转型升级的突破点。这不单纯是推进高质量发展的根本路径，也是追求生产质量、效益优先，加快建立现代化经济体系，不断满足人民对美好生活需要的重要途径。具体来说，就是要把供给侧结构性改革作为经济发展

① 邓小平：《邓小平文选》第三卷，人民出版社1993年版，第373页。

的主线，寻求实体经济振兴的着力点，着眼于创新驱动发展的支撑点，立足于“互联网+”的新生点，通过突出乡村振兴发力点和突出区域协调发展关键点，以提高人民收入为目标，不断提升人民的获得感和幸福感。

政治为民。习近平总书记强调：“人民当家作主是社会主义民主政治的本质和核心。中国共产党领导人民实行人民民主，就是保证和支持人民当家作主。”① 不断满足人民在政治上的诉求，保障人民的民主权利，是习近平总书记“以人民为中心发展思想”的基本要求。党员领导干部要牢固树立正确的世界观、权力观和事业观，强化全心全意为人民服务的宗旨意识，要在工作作风中筑牢信念之基，在工作实践中补足精神之钙。任何时候任何情况下，都要有求真务实的作风，从涉及人民利益的实处着眼、实处用劲，做到不拖延、不误事、不懒散，以“今天再晚也是早，明天再早也是晚”的精神，时刻以真抓的实劲、敢抓的狠劲、善抓的巧劲、常抓的韧劲来鞭策自己，自觉做人民利益的维护者、人民困难的纾解者、人民呼声的倾听者，同时也要以身作则、率先垂范，脚踏实地为民办事，心怀理想为民谋事，永葆为民务实清廉的政治本色。

社会惠民。经过改革开放四十年的发展，中国人民的物质生活水平有了极大的提高，吃饱穿暖已经不再是一种奢望。进入新时代以来，人民对于美好生活的需要更加迫切，对美好生活的向往更加急切。如何不断满足人民对更好的医疗、更公平的教育、更充分的民主保证、更优美的生存环境等切身需要，是当前和今后党和国家为之奋斗的目标。社会生活的保障不仅仅要解决人民群众的基本生存和生活状态，也要重视人民群众对自身发展机会的需求，对发展力和基本权益的保护也要有一个更好的保证。实现国家治理体系和治理能力现代化，就是既注重国家这样一个上层建筑的治理现代化，又要把这种现代化的治理能力和管理手段以下行的方式推进到基层社会治理中，从而在社会治理过程中，能够更好地推进和谐社会的发展，使得社会在发展的过程中更加有利于民生的健康发展。

---

① 习近平：《习近平总书记系列重要讲话读本》，学习出版社、人民出版社2016年版，第169-170页。

文化兴民。习近平总书记在文艺工作座谈会上指出："一个民族的复兴需要强大的物质力量，也需要强大的精神力量。没有先进文化的积极引领，没有人民精神世界的极大丰富，没有民族精神力量的不断增强，一个国家、一个民族不可能屹立于世界民族之林。"[①]当今世界，各国之间的竞争日趋激烈，但归根到底还是文化软实力的竞争，只有文化在人类历史发展中才能起到根本性、决定性和长久性的作用。在社会主义文化日益繁荣的今天，如何更好地实现文化兴民的作用，这是一个亟待解决的现实问题。要坚持以人民为中心的文艺创作导向，坚持社会效益和经济效益协同发展，把社会效益置于首位，推动文艺创作来源于人民、服务于人民的价值指向，深入群众，激发创造灵感，为人民群众创造出更加接地气、更加贴近人民生活的优秀作品，不断满足人民群众对精神文化的需要。

生态利民。"绿水青山就是金山银山"的理念日益深入人心，党的十八大以来，在生态环境保护方面已经迈出了坚实的步伐。在生态治理上，要用环境治理留住绿水青山，用绿色发展赢得金山银山。在经济发展上，要坚决落实生态优先、绿色发展的要求，坚决查处口头上高唱绿水青山，暗地里却大搞"黑色增长"。在发展方式上，要有尝试穿"新鞋"走"绿道"的勇气，高举"绿色指挥棒"，守好"绿色责任田"。加快形成绿色发展的思维方式、生产方式、生活方式，健全绿色政绩考核体系和环保督察长效机制，以硬制度确保硬落实。良好的生态环境是最普惠的民生福祉，是面向未来的最大竞争力，是一个地方最亮丽的名片。要提供更多优质生态产品，不断满足人民群众对优美生态环境的需要。让人民群众真切感受到环境改善的明显变化，拥有更多生态幸福感。

三、依靠人民进行伟大斗争

新时代是坚持和发展中国特色社会主义的新时代，也是继续为中国人民谋幸福、为中华民族谋复兴的新时代。党的根基在人民、血脉在人民、力量在人民，要时刻保持同人民的血肉联系。进行伟大斗争需要广大人民群众的积极参与，

① 习近平：《坚持以人民为中心的创作导向，创作更多无愧于时代的优秀作品》，《人民日报》，2014 年 10 月 15 日。

如果不能够调动人民的积极性、创造性，实现伟大斗争的目标就缺乏依靠的力量。

（一）人民主动参与是前提

经济新常态。中国经济发展进入新常态，人民生活就要有新状态。经济社会的发展不仅仅是党和国家的大事，也是与人民切身利益相关的长久之事，经济的发展离不开每一个公民的参与，只有充分调动人民群众的力量，才能激发经济发展的不竭动力。当前“逆全球化”运动此起彼伏，全球经济下行压力增大，在中国经济增速放缓、就业竞争日益激烈的情况下，党中央国务院审时度势，把大众创业万众创新作为调节经济发展的一个杠杆。大众创业万众创新的提出，为缓解就业压力、释放经济发展红利起到了积极的推动作用。而大众创业万众创新的主体涵盖了全体人民，只要有想法有行动的人都可以参与进来，在各项政策的支持和指导下，通过“双创活动”实现人生梦想已经不再是神话。

政治新气象。党的十八大以来，党风政风出现新气象，广大党员干部自觉地把人民对美好生活的向往作为奋斗目标，在工作实践中与人民心心相印、与人民同甘共苦、与人民团结奋斗。但是也有不少党员干部不能很好地落实党的政策要求，对党的方针政策视而不见听而不闻，存在严重脱离群众的危险。为此，深入开展作风建设领域、思想道德领域的斗争刻不容缓，也需要有人民群众的参与和监督，只有让人民参与监督，这种监督面才会更大，效果也会更加明显，才能够更好地实现反腐斗争向纵深推进。实现人民对美好生活的需要，就要坚持财力向民生集中、政策向民生倾斜、服务向民生覆盖，把富民增收的基本目标、社会保障的有力措施、社会治理创新的力度充分协调起来，在推动基本公共服务标准化、均等化的过程中，扎实办好民生实事，不断提升群众的获得感、幸福感和安全感，让人民的生活更加充实、更有保障、更可持续。

文化新需要。文艺繁荣发展需要人民群众的积极参与和创作。人民群众的生活是一切文学艺术创作的源泉，同时人民群众也是文艺创造的主体。中国人民创造了中华民族五千多年的优秀传统文化，创造了可歌可泣的革命文化，创造了与时俱进的社会主义先进文化，任何一个历史时期，文化的创造发展都离不开人民群众的参与，离不开人民群众智慧的闪现。

生态新要求。随着人民生活水平的提高，对生活质量尤其是生活环境的要求更加迫切，是否拥有天蓝水清地绿的宜居环境，是衡量该地区生存质量的重要指标。人民对美好生活的需要，不仅仅体现在更加可靠稳定的物质保障上，更是对精神满足的迫切需要。作为新时代的党员干部，要积极回应人民群众对美好生活的期待，既要撸起袖子加油干，也要卷起裤脚深入群众。在城市建设中，要树立以人民为中心的建设理念，给人民创设一个宜居的社会环境；在社会管理中，要充分调动起各部门的协调性，为人民群众的衣食住行提供便利的条件，让人民群众共享新时代的红利，拥有更多获得感。

（二）汲取人民智慧是关键

改革开放是由人民创造的，这实质上是执行群众路线的问题，也是为民谋利的工作方法问题。我们党的根基在人民、血脉在人民、力量在人民。汲取人民智慧，依靠群众的力量，历来是党的事业不断取得胜利的重要法宝，也是党始终保持生机与活力的重要源泉。“我们党 90 多年来之所以得到人民拥护和支持，从根本上说，就是因为能始终代表中国最广大人民根本利益，就是坚持群众是真正的英雄，尊重人民首创精神，最广泛动员和组织人民投身到党领导的伟大事业中来。”① 现在，一些领导干部高高在上，当官做老爷，严重脱离群众，甚至专横跋扈，压制民主，欺压群众，极大地损害了党在人民群众中的形象，影响了党和人民的关系，必须下大力气加以整治。汲取人民的智慧，主要应该体现在思想、决策和工作上。首先要在思想上依靠群众，坚持从群众中来、到群众中去的工作方法，充分尊重群众、相信群众，善于在群众中寻找认识问题、分析问题、解决问题的途径和办法，真正把人民群众作为我们思想的原动力。其次要在决策上依靠群众，只有首先善于做群众学生的人，才有可能做群众的先生，广大党员要带头尊重群众的首创精神，深入基层、深入群众，认真调查研究，善于倾听民意、集中民智、珍惜民力，促进各项决策的科学化、民主化。最后要在工作上依靠群众，我们的各项决策要依靠群众来制定，各项工作要依

① 习近平：《习近平总书记系列重要讲话读本》，学习出版社、人民出版社 2016 年版，第 39-40 页。

靠群众来落实。

（三）倾听人民诉求是根本

党和国家的一切工作都要以人民的利益为出发点，在推进国家治理体系和治理能力现代化的过程中，要积极倾听人民呼声，拓展人民诉求渠道，维护人民群众的核心利益。为此，应该善于运用现代科学技术手段，通过微信、微博等媒介传达党的民生政策，也要使人民的呼声通过新媒体传达到党和政府耳中。另外，在新时代，一些党员干部理想信念动摇，生活作风腐化，不会也不善于处理干群关系，对党的公信力造成了极大的危害，因此要积极发挥人民群众的监督作用，把权力置于阳光之下，才能够形成更加完善的监督体系。

四、由人民检验伟大斗争的成果

为政之要在于坚持人民至上。广大党员干部必须始终牢记自己的第一身份是人民公仆、第一职责是为人民服务，始终把人民放在心中最高位置，用心书写为民答卷，由人民来检验工作的成效、斗争的成果。

（一）检验斗争成果要看人民满不满意

习近平总书记强调，人民是我们工作的最高裁决者和最终评判者。进行伟大斗争的“考卷”答得好不好，人民群众是最有发言权的，在推进伟大斗争的过程中要认真研究哪些事该干哪些不该干，哪些事先干哪些后干，还要看事情该怎么干、干得怎么样，这些都要以人民拥护不拥护、赞成不赞成、高兴不高兴、答应不答应为价值尺度和基本标准，都要看一看人民群众是否真正得到了实惠、权益是否真正得到了保障。我们要坚持“权为民所用、情为民所系、利为民所谋，为群众诚心诚意办实事，尽心竭力解难事，坚持不懈做好事”。把人民群众的小事当作自己的大事，从人民群众关心的事情做起，从让人民群众满意的事情做起，在增进民生福祉中践行为人民服务的根本宗旨。

（二）检验斗争成果要看人民认不认同

人民是历史的创造者，也是历史的见证者，党和国家发展的一切成果都需要人民来检验，都要以人民满不满意、认不认同为衡量标准。在当前推进国家治理体系和治理能力现代化的过程中，要紧紧抓住人民群众最关心、最直接、最现实的利益问题，把人民群众的利益放在工作的重要位置，时刻记在心上、做在手头。要坚持问政于民、问需于民、问计于民，把寻求最大公约数作为首要目标指向，把画好最大同心圆作为重要目标追求，最大限度地激发人民群众的积极性、主动性和创造性。对保障和改善民生的事，已作出安排部署的，要按照任务分解方案全力推进，确保落实。凡是人民群众普遍关注、反应强烈的事情，都要高度重视，认真对待，尽力解决，努力让改革发展成果更多更公平惠及广大人民群众。

五、由人民共享伟大斗争的成果

新时代，进行伟大斗争的终极目的就是人民能够共享伟大斗争的成果，只有不断实现和保障人民在公平正义地享有、付出劳动地享有和凝结共识地享有的基础上，伟大斗争的享有才更加具有广泛性和实效性。

（一）伟大斗争的成果需要公平正义地享有

两千多年前孔子提出了“不患寡而患不均”的思想，表达了对公平正义的向往与追求，是否拥有公平正义的社会环境和制度保障，是衡量一个社会发展进步的重要尺度。人类的发展史从整体来看就是一部追求公平正义的历史，从原始社会的平均分配，到太平天国所确立的“凡天下田，天下人同耕”的原则，再到我国社会主义市场经济的分配方式，公平正义的影子随处可见。公平与正义是不可分割的一体两面，如果没有公平，正义就无法体现；如果没有正义，公平就得不到保障。在今天，生活在伟大祖国的新时代，人民群众有了与祖国一起发展进步的机会，在社会主义制度不断完善的今天，人民群众的权益得到进一步保证，生活水平得到进一步提高，精神状态得到极大的改善，公平正义地享有改革发展的成果更加广泛。

（二）伟大斗争的成果需要付出劳动地享有

劳动是实现人维持自我生存和自我发展的唯一手段。社会主义公有制经济体制之下，在分配领域实行多劳多得、少劳少得、不劳不得，就要避免那种不劳而得或多劳不得的问题发生，与此同时，也要注意那些老弱病残的弱势群体，对劳动不便、行动不便的群体要给予特殊的照顾和关怀。社会主义现代化建设需要每一位公民的参与和劳动付出，只有齐心协力、共克难关，才能早日实现中华民族伟大复兴的中国梦，才能实现人民幸福的美好愿景。在劳动还没有成为人的第一需要的情况下，激发人们的劳动热情是前提和关键，有必要考虑建立相关的劳动激励机制，激发最广大人民的劳动积极性。

（三）伟大斗争的成果需要凝结共识地享有

社会的发展进步需要共同的目标追求，而激发人民群众进行伟大斗争的共识，需要创设良好的社会舆论环境。为此，要注重对思想舆论环境的引导，通过理论武装让领导干部深刻认识到，共享成果与发展成败、人民福祉、党的执政地位、国家长治久安有着密不可分的关系，使领导干部真正把思想认识摆端正、搞对头；通过广泛宣传引导让广大群众认识到，中国特色社会主义事业是亿万人民自己的事业，新时代进行伟大斗争的主体是人民群众，只有凝聚起广大人民群众的共识，应对各种风险挑战才更有力量。凝结共识地享有伟大斗争的成果，必然需要舆论引导和制度创新的相互配合、同向发力，只有这样，才能打造共建共享的良好环境、提升共建共享的水平。

“市场决定”的三重意蕴①

党的十八届三中全会提出“使市场在资源配置中起决定性作用”（以下简称“市场决定”），是对中国特色社会主义理论的一次重大创新。从经济学视角看，它突出强调了市场在社会主义市场运行机制中的重要作用，不仅包含价格由市场决定的基本理念，而且也是对经济行为（尤其是经营行为）独立性和经济主体（尤其是消费者）权益性的充分肯定。然而，要想充分理解这一命题的重要意义，仅仅局限于经济学层面是不够的，还需要借助哲学的宏观和整体视角，对其进行详尽透视和反思，以澄明其内在意蕴。

一、“市场决定”是对社会主义市场经济之合理性的肯定

自邓小平创造性地提出“市场手段论”，为社会主义市场经济的发展指明宏观方向，进而平息了长久以来姓“资”姓“社”的争论之后，从微观层面深入探讨社会主义与市场经济内在结合的合理性，进而为建立社会主义市场经济体制提供理论支撑，成为摆在国家和社会面前的又一重大问题。经过诸多学者的不懈努力，学界对此问题已基本达成共识，即社会主义与市场经济结合的内在基础是社会化大生产。社会化大生产是人类实践发展的内在结果，其基本特征是生产的组织化、专业化和集中化。从历史长河看，社会化大生产是在资本主义生产关系内得以迅速发展起来的，换言之，市场经济能够通过市场对资源进行优化配置，使生产有机组合为一个整体，以满足社会化大生产的要求。随着生产力水平的不断提升，社会化大生产将会逐渐突破资本主义私有制对其发展的束缚，进而选择一种更为适合的生产关系。而作为以公有制为核心的社会主义生产关系，正是按照社会化大生产的要求建立起来的。概言之，正是在社

① 作者：陈步伟，燕山大学马克思主义学院副教授。此文发表于《宁夏党校学报》2014年第6期，题目为《“市场决定”的三重意蕴》，收录时略有改动。

会化大生产的物质基础上，社会主义与市场经济才能内在统一起来。也正是在这样的意义上，邓小平认为：“市场经济只存在于资本主义社会，只有资本主义的市场经济，这肯定是不正确的。”[①]

如果说理论创新是解决问题的先导，那么实践探索则是破解问题的关键。在社会化大生产理论为市场经济与社会主义的结合奠定理论基础之后，在实践层面不断寻找使两者平稳融合的适应机制便成为中国特色社会主义实践的重要任务。这些重要实践措施除了社会主义基本经济制度以及分配制度之外，还主要包括以下三个方面：

1. 建立现代企业制度以解决国有企业在市场经济环境下的生存与发展问题。作为国有经济的重要组成部分，国有企业承担着引导社会主义经济平稳有序发展的重要任务。换言之，国有企业的发展直接关系到社会主义国民经济的发展。然而，国有企业内蕴的公有制形式在一定程度上会造成产权不明确、权责不明确等现象，不符合市场经济所要求的经济主体的特征，进而使得国有企业的效率普遍低下。故而，实现现代企业制度，使国有企业的产权逐渐明晰、权责逐渐明确，以提升国有企业的经营效率，是使其成为规范的市场经济主体的重要举措。

2. 建立社会主义宏观调控体系以妥善解决计划与市场的关系问题。从理论上看，市场经济有着自发性、盲目性和滞后性等缺陷，而社会主义经济体系的计划性则是克服这些缺陷的一把利器。然而，从实践层面看，在生产力不发达的条件下，计划性虽然能够使经济运行较为平稳，但它不能充分调动经济主体积极性的内在缺陷也暴露无遗。在改革开放以前，中国企业基本上都是从属于政府的生产机构，其经营行为都是按照国家计划予以履行，而企业自身的积极性没有被调动起来。改革开放之后，尤其是社会主义市场经济体系建立之后，企业逐渐成为独立的经济主体，但随之而来的市场诸多乱象也应运而生。因此，建立社会主义宏观调控体系以妥善协调市场与计划的关系问题，进而使社会主义市场经济平稳有序发展，是中国特色社会主义实践的应有之义。

---

① 邓小平：《邓小平文选》第二卷，人民出版社 1994 年版，第 236 页。

3. 完善相关机制以妥善协调效率和公平。社会主义的内在价值要求公平，而市场经济的核心意蕴在于效率，故而协调效率与公平就成为社会主义市场经济建设不容回避的重大问题。无论是“效率优先，兼顾公平”，或是“初次分配和再分配都要处理好效率和公平的关系，再分配更加注重公平”[①]，还是“兼顾效率与公平”[②]等命题的提出，都体现了党和国家对此问题的积极探索与回应。从本质上看，效率与公平问题实际是利益问题。因此，完善相关机制，尤其是利益分配机制，以妥善协调两者的关系，是当前国家建设的重要着力点。

正是在理论和实践的双重探索和突破下，社会主义市场经济才能焕发生机与活力，为中国特色社会主义事业不断前进提供充足的动力。党的十八大报告也正是在系统总结中国特色社会主义市场经济建设的经验和理论的基础上，提出“市场决定”这一经典命题，不仅凸显了市场的重要地位，而且也是对社会主义市场经济合理性的充分肯定，同时也表明了党和国家对中国特色社会主义事业充满信心。

二、“市场决定”是对中国特色社会主义实践之“市场导向”的确认

改革开放40年来，在党和国家的领导下，立足于具体的历史条件，中国特色社会主义实践有条不紊地予以推进，并形成了自身的独有特色，而“市场导向”就是其中最具代表性的特征之一。所谓市场导向，是指中国特色社会主义实践是在引入、建立和完善市场机制的过程中逐步推进的。

从学理上看，市场机制之所以能够作为一种资源配置的有效形式，其原因在于：它能利用供求机制、价格机制、风险机制和竞争机制使资本要素流向效率最优的部门，以获得较为合理的利润。故而，市场机制的运作机理被亚当•斯密称为“看不见的手”，即人们在市场经济条件下“受着一只看不见的手的

---

① 中共中央文献研究室:《十七大以来重要文献选编(上)》,中央文献出版社2009年版，第30页。

② 胡锦涛：《坚定不移沿着中国特色社会主义道路前进 为全面建成小康社会而奋斗——在中国共产党第十八次全国代表大会上的报告》，人民出版社2012年版，第13页。

指导"[1]，而这种指导不仅会使"各个人都不断地努力为他自己所能支配的资本找到最为有利的用途"[2]，而且"往往使他能比在真正处于本意的情况下更有效地促进社会的利益"[3]。因此，在社会主义制度框架内引入市场机制，以促进中国特色社会主义事业不断前行，便成为中国特色社会主义实践的重要任务。引入市场机制是一个复杂的系统工程，不仅需要经济领域的变革，而且也需要其他领域按照市场经济的要求予以改革，以实现协同推进。

从市场导向的视角看，中国特色社会主义实践可以分为以下三个阶段：

1. 引入市场机制阶段（1978—1992 年）。在这一时期，中国特色社会主义实践的主要任务是要引入并借用市场机制的力量，激发人民群众的生产积极性，以突破计划经济体制的束缚，开辟中国社会主义事业的新局面。故而，在经济建设方面，开始逐步探索市场机制与社会主义之间的结合形式，计划经济为主、商品经济为辅，有计划的商品经济等命题的提出都是这一时期探索的重要成果。在政治建设方面，以重新确立党和政府的权威为主旨，对政治体制进行积极稳妥的改革，为市场机制的引入提供政治保障。在文化建设方面，加强社会主义道德的培育和宣传，以防止在市场机制中滋生的"利益至上"观念所带来的冲击。在社会建设方面，改变计划经济体制下政府办社会的传统模式，使人从单位体制中解放出来，以配合市场机制的建立。

2. 建立市场机制阶段（1992—2002 年）。在这一时期，中国特色社会主义实践是围绕着确立社会主义市场机制并使之平稳运行这个重要任务而不断推进的。在经济建设方面，确立社会主义市场经济体制，发挥市场在资源配置中的基础作用。在政治建设方面，按照市场经济的发展要求积极推进政治体制改革，实现依法治国，尤其是重新划定政府边界，建立宏观调控体系，实现政企分开。在文化建设方面，利用市场机制加大社会主义文化建设的力度，把提升民族的

①［英］亚当·斯密：《国民财富的性质和原因的研究》下卷，商务印书馆 1974 年版，第 27 页。

②［英］亚当·斯密：《国民财富的性质和原因的研究》下卷，商务印书馆 1974 年版，第 27 页。

③［英］亚当·斯密：《国民财富的性质和原因的研究》下卷，商务印书馆 1974 年版，第 25 页。

思想道德素质和科学教育水平作为发展目标，以适应市场经济发展的内在要求。在社会建设方面，按照市场经济的发展要求，在一定程度上借用市场力量进行社会建设，以加快社会事业发展的步伐。

3. 完善市场机制阶段（2002 年至今）。在这一时期，中国特色社会主义实践面临的重要任务是健全市场经济的相关体制，同时尽量消除市场经济所带来的负面影响。在经济建设方面，鼓励技术创新，完善所有权制度，实现区域协调发展，为市场经济运行提供良好的制度供给。在政治建设方面，创建服务型政府，深化民主和法制制度建设，为市场经济提供保障。在文化建设方面，以培育和践行社会主义核心价值体系为重要内容，实现社会主义文化的大发展大繁荣，为市场经济的发展提供较好的文化氛围（如诚信精神等）。在社会建设方面，提供切实可行的鼓励就业措施，增强教育、医疗方面的政府投入，扩大社会保障范围，更加注重社会公平，以提升人民生活水平，进而尽量消除市场经济所带来的负面影响。同时，由于资本粗放型扩张所带来的生态环境的破坏日趋严重，生态文明建设也成为国家重点关注的领域。

正是在市场导向的作用下，中国特色社会主义实践取得了举世瞩目的成就，强有力地驳斥了国内外对改革开放（尤其是社会主义市场经济）的质疑。在 2013 年，党的十八届三中全会明确指出，“面对新形势新任务，全面建成小康社会，进而建成富强民主文明和谐的社会主义现代化国家、实现中华民族伟大复兴的中国梦，必须在新的历史起点上全面深化改革”[①]。而在此全面深化改革的大幕即将开启之际，“市场决定”命题提出，正是对中国特色社会主义实践之“市场导向”的充分确认，也明确了中国特色社会主义实践的发展趋向。

三、“市场决定”是对中国领域格局变动之深刻认识的必然结果

所谓领域格局，是指人类社会在发展过程中形成的具有特定实践内容和文化价值的结构性空间所构成的布局，其中政治领域和经济领域是最为重要的空间。中国的政治领域和经济领域布局出现深刻变动，但在总体上依然呈现为：

① 《中共中央关于全面深化改革若干重大问题的决定》，人民出版社 2013 年版，第 2 页。

政治领域力量相对膨胀，经济领域力量相对弱小。具体而言，其一，政治领域力量相对膨胀。从历史上看，世界古农业文明大体可以归为东亚农业文明、南亚农业文明、西欧农业文明和中东农业文明这四类①。作为东亚文明的主要代表，中国具有典型的特征，即“国家为有效地行使权力而建立起庞大的官僚体系”②。此官僚体系意味着权力的无所不包与自上而下。虽然中国历经数次巨大变革，尤其是改革开放以来，国家多次进行行政体制改革，使权力得到明显的限制，但由于封建遗毒所造成的路径依赖，政治权力依然独大的总体状况没有得到彻底改变，进而使得市场条件下政治权力对市场经济干预过度现象较为突出，政府的“寻租行为”“腐败现象”屡禁不止。其二，经济领域（市场机制）有待完善。在当今中国，虽然改革开放使市场机制得以不断完善，但其内部机制（如竞争机制、价格机制）依然难以完全发挥作用，致使市场力量相对弱小。更为重要的是，市场经济的价值意蕴严重缺失（如自主精神和诚信精神），致使经济乱象频繁发生。同时，市场经济的法制保障也不健全，使经济主体之间难以形成相对公平的环境，企业与企业之间的不平等竞争以及劳动者之间的恶性竞争愈演愈烈。

“市场决定”命题的提出不仅体现了党和国家对市场力量的肯定，而且也蕴含着对中国领域格局状况的深刻认识，同时也为中国全面深化改革指明重要方向，即提升市场力量。

1. 完善现代市场体系，理顺市场规则。市场经济力量的源泉在于市场机制与规则的完善，尤其是竞争机制与规则的完善。在世界经济转型过程中，传统的制造业和加工工业逐渐式微，而技术产业和服务业日渐兴盛。因此，必须完善市场经济的竞争环境，逐渐实现企业的优胜劣汰，提升科技竞争力，同时保证经济主体的平等权。

2. 提升市场主体的创新能力，构筑创新氛围。在当代，随着世界知识经济的临近，拥有自主创新研发能力的人才、企业和国家逐渐开始崭露头角。创新

① 钱乘旦：《世界现代化历程》总论卷，江苏人民出版社 2010 年版，第 147 页。
② 钱乘旦：《世界现代化历程》总论卷，江苏人民出版社 2010 年版，第 166 页。

能力的提升，不仅是国家和企业生存和发展的重要支撑，同时也是市场力量得以不断提升的重要手段。正如熊彼特所说，推动市场经济的重要力量是社会创造的“新消费品、新生产方法或运输方法、新市场、新产业组织的形式”[①]。从本质上看，合理配置资源和创造物质财富是市场力量的重要表现。而在创新氛围的激励下，个人不断通过更新自身具有的知识和信息并付诸实践以获取报酬，企业不断通过提升自身的科技含量实现盈利，这就使市场经济主体的生产能力极大提升。这种能力的提升能够提高资源转化为财富的效率，进而增强市场的内在活力。同时，科技创新还能够创造新的产业生长点，进而为市场机制运转和资源合理利用提供良好平台。

四、结语

“市场决定”命题，是党和国家立足中国具体国情、回应中国现实问题、指明中国实践方向的重要理论构想。在深入理解此命题内在意蕴的同时，应当注意以下三个问题：其一，“市场决定”不等于“市场决定全部”，即在社会主义市场经济框架内，市场机制作用的边界依然存在，如在关涉国家安全和全局利益的相关领域（如国防事业）时，应当依据具体情况进行全面考量，以防市场机制的固有缺陷可能会产生的负面影响。其二，“市场决定”不意味着“政府不管”，而是对政府的职能提出更高的要求，以实现政府和市场的良性互动。其三，“市场决定”不等于走资本主义道路，更不意味着放弃党的领导。在当代中国，市场的决定作用要在社会主义制度框架内予以发挥，以推动中国特色社会主义事业不断前行。任何脱离社会主义制度要求的市场领域，只能对中国现代化发展起到阻碍作用。同时，虽然市场力量的提升需要予以配套的政治体制改革，但这种改革并不意味着要照搬西方，更不意味着放弃党的领导，而是要在坚持四项基本原则的前提下，改革相关体制以形成有利于社会主义市场经济发展的制度环境。

---

① ［美］约瑟夫•熊彼特：《资本主义、社会主义与民主》，商务印书馆1999年版，第146页。

习近平关于高校思想政治工作的重要论述研究①

邓小平在布局改革开放的初期，首先抓的就是科学和教育工作，他"自告奋勇管科教方面的工作"，他认为"我们国家要赶上世界先进水平，从何着手呢？我想，要从科学和教育着手"②。进入全面深化改革的新时代以来，习近平特别强调"教育是国之大计、党之大计"③，他也把教育工作（尤其是高校党建工作）放在突出的位置来抓，促使党和人民的教育事业不断开创新局面。

对于研究习近平阐述的高校党建工作思路有帮助的重要讲话主要有三类。第一类是习近平在历次党代会上一般性地论述党建工作的说明和报告，其中比较重要的是十八届六中全会和十九大，这两次党代会对于党建工作的全局性论述，对于作为局部领域的高校党建具有指导意义。第二类是习近平在各类涉及高校和教育工作的专题会议上的讲话，其中包括全国宣传思想工作会议（2013年8月、2018年8月）、全国高校思想政治工作会议（2016年12月）、纪念马克思诞辰200周年大会（2018年5月）、两院院士大会（2018年5月）、全国教育大会（2018年9月）等，习近平在这些专题会议上的讲话对于高校党建工作都有非常重要的或直接或间接的论述。第三类是习近平在各种类型的座谈会上的讲话，这些座谈会包括北京大学师生座谈会（2014年5月、2018年5月）、北京师范大学师生代表座谈会（2014年9月）、哲学社会科学工作座谈会（2016年5月）等，习近平在这些座谈会上的讲话对于高校青年学生学什么、怎么学，高校教师教什么、怎么教都提出了非常具体的要求。

---

① 作者：李秀红，燕山大学马克思主义学院讲师；张云飞，燕山大学马克思主义学院教授。此文部分发表于《学校党建与思想教育》2019年第22期，题目为《高校思想政治工作的逻辑结构略论》，收录时略有改动。

② 邓小平：《邓小平文选》第二卷，人民出版社1994年版，第48页。

③ 张烁：《坚持中国特色社会主义教育发展道路 培养德智体美劳全面发展的社会主义建设者和接班人》，《人民日报》，2018年9月11日第1版。

本文的主旨是在综合分析上述重要讲话精神的基础上初步梳理习近平关于高校党建工作重要论述的基本思路与逻辑结构。总体上来看，习近平关于高校党建工作重要论述的基本思路和逻辑结构主要表现为：从办好教育的根本保证来看，需要全面加强党对教育工作的领导；高校党委和各级党组织要把教育改革发展纳入议事日程，围绕根本问题，抓住中心环节，贯彻主线任务，实现建设中国特色社会主义的总体目标。

一、根本保证：党对教育工作的全面领导

没有领导权，就不可能培养党和人民各项事业需要的人才。改革开放与社会主义市场经济建设过程中，高校党建工作一定程度上存在着弱化、虚化乃至边缘化的倾向。为了解决党建领域中存在的各种问题，党的十九大报告提出了“坚持和加强党的全面领导”[①]的时代任务，同一切弱化和虚化党的组织和领导的倾向宣战。这一时代任务落实到高校就是坚持和加强党对教育工作的全面领导，党的领导可以确保高校建设的社会主义方向，并成为新时代办好高等教育、加强高校党建的根本保证。

加强党对教育工作全面领导的指导方针和具体办法主要包括：首先，教育部门党组织要增强“四个意识”，坚定“四个自信”。“四个意识”的核心就是要与党中央保持高度一致。“四个自信”则是树立“四个意识”的根源。只有树立“四个自信”，相信中国共产党能够办好中国特色社会主义高校，高校党委党组织与任职于高校的党员才能牢固树立“四个意识”。其次，各级党委要把教育改革发展纳入议事日程。高校党委只管党务而不管教育改革发展是不行的，这会严重偏离加强党的全面领导的方针。教育部门的党政主要负责同志不能是教育的外行人，在教育领域不能出现外行管内行的局面，党政主要负责同志要熟悉教育、关心教育、研究教育，切实落实党管教育的方针。再次，抓好学校党建工作是高校党组织办学治校的基本功。党组织的本职工作与基本工作就是要抓党建，建设坚强有力的党组织的目的在于推动党和人民的教育事业

① 习近平：《决胜全面建成小康社会　夺取新时代中国特色社会主义伟大胜利——在中国共产党第十九次全国代表大会上的报告》，人民出版社2017年版，第61-62页。

不断地发现问题、解决问题，开创工作新局面。最后，高校党组织必须把思想政治工作紧紧抓在手上，“精心培养和组织一支会做思想政治工作的政工队伍”[①]。上述四个方面既有对于教育部门各级各类党组织成员思想意识上的要求，也有具体的工作内容上的要求，教育部门各级党委、党组织要管教育改革发展、要管学校党建工作、要管学校思想政治工作。

要在高校全面加强党对教育工作的领导，工作的重点和难点在于直属学校领导的二级教学科研机构。一般来说，学院院长负责行政工作，主管教学、科研、人事和业务经费等方面；学院党委书记全面负责党务工作，主管团委、学生科和党建等方面。院长管理和审批学院的主要经费项目，经费较多；党委书记则审批党建和工会等方面的活动经费，经费较少。院长一般是学院的学术带头人，专业业务能力较强；党委书记很多都是从行政岗位的工作人员或学生口的辅导员中选拔担任的，学生工作能力较强，专业业务能力较弱。由于这些方面的差别，最终造成学院院长比较强势，而学院党委书记则相对弱势。为了改变这种局面，教育部党组实施了高校教师党支部书记“双带头人”培育工程。所谓“双带头人”是指高校教师党支部书记既是党建带头人，又是学术带头人。这无疑有助于改变二级学院层面党组织弱化的局面，但是同时要注意双向推动，一方面要把党建带头人培养成为学术带头人，这需要一段较长的时间来完成；另一方面要把学术带头人培养成为党建带头人，其见效相对较快，例如，可以采取由卸任的院长担任学院党委书记，或者把资历、学术成就、教学业绩诸方面优于院长的人选选配到学院党委书记的岗位等措施。

2018年，在全国教育大会上，习近平特别强调“教育是国之大计、党之大计”，他把教育工作放在突出的位置来抓，促使党和人民的教育事业不断开创新局面。文章在综合分析习近平关于学校思想政治工作一系列重要讲话精神的基础上，对高校思想政治工作的基本思路和逻辑结构进行了阐释，即高校党委和各级党组织要把教育改革发展纳入议事日程，围绕根本问题，抓住中心环节，贯彻主

① 张烁:《坚持中国特色社会主义教育发展道路　培养德智体美劳全面发展的社会主义建设者和接班人》，《人民日报》，2018 年 9 月 11 日第 1 版。

线任务，实现建设中国特色社会主义高校的总体目标。

二、根本问题：培养什么人、怎样培养人、为谁培养人

习近平在 2016 年首次提出并明确高校教育教学的根本问题，进而在 2018 年举行的全国教育大会上，把上述根本问题上升为全国教育工作面临的根本问题。上述两次会议对于这个根本问题的文字表述略有不同，相比而言全国教育大会的文字表述更加精炼，这个问题最终表述为“培养什么人、怎样培养人、为谁培养人”。这个根本问题实质上是一个由三个小问题构成的相互联系、相互支撑的问题群，是培养目标、培养方法与培养目的的内在统一。习近平不仅提出了问题，而且对这个根本问题进行了系统全面的解答。

“培养什么人”涉及高等教育教学的培养目标，对于这个问题的回答，习近平从 2016 年全国高校思想政治工作会议上的四个维度，发展到 2018 年全国教育大会上的五个维度，最终形成“培养德智体美劳全面发展的社会主义建设者和接班人”的完整表述。培养目标首先需要明确我国高校培养的人才是建设社会主义的，而不是挖社会主义墙脚的。其次要注重社会主义建设者和接班人德智体美劳的全面发展。在人才培养的五个维度之中，“德”居于首位，最为重要；“劳”则比较容易受忽视也较难贯彻，但是摒弃不劳而获的思想，树立劳动意识，培养劳动素养，具备劳动能力，这是社会主义建设者和接班人应该具备的基本特征。

“怎样培养人”涉及高等教育教学的培养方法和工作重点，习近平强调要把握思想政治工作规律、教书育人规律与学生成长规律[①]，总体来看就是要根据学生成长的阶段性和规律性做好思想政治工作和教书育人工作；在全国教育大会上，习近平提出“六个下功夫”。在“六个下功夫”之中，除了增长知识见识和增强综合素质之外，其他四个“下功夫”都与学生的思想品德相关，这正说明德育在高校教育教学中重要的、突出的地位。

“为谁培养人”涉及高等教育教学的培养目的，习近平在全国高校思想政

① 吴晶，胡浩：《把思想政治工作贯穿教育教学全过程　开创我国高等教育事业发展新局面》，《中国高等教育》，2016 年第 24 期。

治工作会议上用“四个服务”来说明高校培养人才的目的。“培养什么人”与“怎样培养人”最终落实于“为谁培养人”，为党和人民的事业培养建设者和接班人是教育的根本目的。这一目的如果不能明确，那么教育的大方向将会存在严重的问题，最终成为为美国或者西方培养人，为敌对势力培养人。

三、中心环节：立德树人

习近平在全国高校思政工作会议上首次提出“要坚持把立德树人作为中心环节”①的要求，全国教育大会进一步细化了教育工作贯彻“立德树人”这一中心环节的各个方面，要求“教师要围绕这个目标来教，学生要围绕这个目标来学”②，实现“立德树人”首先就有一个“立什么德，树什么人”的问题，这个问题内在地包含两个方面，一方面是对教师的要求，“教育者要先受教育”③，要求学生做到的，教师应该首先做到，你要给学生一瓢水，自己就得有一桶水；另一方面是对学生的要求，“国势之强由于人，人材之成出于学”，优秀的学生是培养出来的，要培养什么样的学生必须有一个明确的价值导向。

“立德树人”的第一个层面是加强教师师德师风建设。某些高校教师出问题主要出在师德师风上，其中包括畸形的师生关系以及片面追求成果数量、不注重实效的科研作风等。鉴于此，广大教师要以德立身、以德立学、以德施教。习近平在教师师德师风建设方面提出了“四有”“四引”与“四个统一”。这三个方面存在内在联系，“四有”好老师是针对教师自身应该具备的素质而提出的，“四引”侧重于说明教师对于学生成长过程中的意义和价值，“四个统一”要求教师把自身发展与培养学生的责任统一起来。

“立德树人”的第二个层面是对于学生的要求，即学生要成为德智体美劳全面发展的社会主义建设者和接班人。党的十八大之后，习近平在五四青年节前后两次来到北京大学，寄语全国各族青年和青年工作者。2014 年，习近平在

① 吴晶，胡浩：《把思想政治工作贯穿教育教学全过程　开创我国高等教育事业发展新局面》，《中国高等教育》，2016 年第 24 期。

② 张烁：《坚持中国特色社会主义教育发展道路　培养德智体美劳全面发展的社会主义建设者和接班人》，《人民日报》，2018 年 9 月 11 日第 1 版。

③ 习近平：《在北京大学师生座谈会上的讲话》，《人民日报》，2018 年 5 月 3 日第 2 版。

北京大学强调广大青年要在“勤学、修德、明辨、笃实”这四个方面下功夫。同时，他希望广大青年具有执着的信念、优良的品德、丰富的知识、过硬的本领[①]。2018年，习近平再次来到北京大学，他希望广大青年“爱国、励志、求真、力行”[②]。习近平把爱国作为“立德之源、立功之本”的地位确定下来，这一点非常重要。一个人学习成绩再好，再刻苦努力，如果连自己的国家都不爱，那么这个人的道德品质将会出现严重的问题。

四、主线任务：把思想政治工作贯穿教育教学全过程

习近平在全国高校思政工作会议上强调要“把思想政治工作贯穿教育教学全过程”[③]，党委要“掌握高校思想政治工作主导权”[④]。做好思想政治工作，需要把握三个方面的问题，即谁的思想、什么政治、如何工作。

思想政治工作中的“思想”无疑是我们党和国家的指导思想。习近平在纪念马克思诞辰200周年大会上明确表示：“中国共产党是用马克思主义武装起来的政党，马克思主义是中国共产党人理想信念的灵魂。”[⑤]高校思想政治工作要坚持不懈传播马克思主义科学理论。思想政治工作者如果不懂马克思主义，就像教授专业课程的教师不懂专业一样可怕，因此，不断提升思想政治工作者的理论水平是高校党委需要常抓不懈的一项极端重要的工作。

思想政治工作中的“政治”主要是指高校办学要坚持正确政治方向。有的人主张增强教育的自主性和独立性，大学要去行政化，远离政治，这种观点的实质是削弱甚至取消党对教育工作的领导。针对这种错误的观点，习近平在同北京大学师生座谈时指出，古今中外关于教育和办学的思想流派繁多，但是它们都有一个共同点，那就是它们都认为教育必须培养社会发展所需要的人。世

① 习近平：《青年要自觉践行社会主义核心价值观——在北京大学师生座谈会上的讲话》，《人民日报》，2014年5月5日第2版。

② 习近平：《在北京大学师生座谈会上的讲话》，《人民日报》，2018年5月3日第2版。

③ 吴晶，胡浩：《把思想政治工作贯穿教育教学全过程　开创我国高等教育事业发展新局面》，《中国高等教育》，2016年第24期。

④ 吴晶，胡浩：《把思想政治工作贯穿教育教学全过程　开创我国高等教育事业发展新局面》，《中国高等教育》，2016年第24期。

⑤ 习近平：《在纪念马克思诞辰200周年大会上的讲话》，人民出版社2018年版，第24页。

界各国都是按照自己的政治需要来培养人，在这个方面只有做得不好的国家，而没有不在这个方面做努力的国家。

思想政治工作中的“工作”是做人的工作，要“围绕学生、关照学生、服务学生”①，遵循思想政治工作规律、教书育人规律和学生成长规律，精心培育和组织一支会做思想政治工作的政工队伍。高校政工队伍之间要形成协同效应，“各类课程与思想政治理论课同向同行”，守好一段渠，种好责任田。这一思想落实到教育教学实践之中就是发源于上海的“课程思政”建设，目前这一“上海经验”正逐步向全国推广。中共教育部党组于2017年年底发布了《高校思想政治工作质量提升工程实施纲要》，该纲要明确提出了“课程思政”的目标和任务。这是全国高校思政工作会议精神全面转化为教学实践的生动范例。

五、总体目标：建设中国特色社会主义高校

党的十八大报告从中国特色社会主义道路选择的全局角度提出“既不走封闭僵化的老路，也不走改旗易帜的邪路”，十九大报告再次予以确认。中国的道路选择同样适用于高校，世界范围内的高校建设并不是只有一种模式，我国高校不能按照西方高校的模式来进行建设，同时也不能走传统僵化的老路，我们要结合中国的国情在改革创新上下功夫。“我们的高校是党领导下的高校，是中国特色社会主义高校。”②此后，教育部部长陈宝生从坚持正确办学方向的角度把扎实办好中国特色社会主义高校视为全国高校思政工作会议得出的“重大命题”③。中国特色社会主义高校的基本特征主要包括两个方面：第一方面是坚持社会主义办学方向；第二方面是坚持扎根中国大地办教育。

中国的高校是社会主义高校，要始终坚持社会主义办学方向。从组织保障来看，要坚持和加强党对教育工作的全面领导。从思想建设而言，要坚持以马

---

① 吴晶，胡浩：《把思想政治工作贯穿教育教学全过程　开创我国高等教育事业发展新局面》，《中国高等教育》，2016年第24期。

② 吴晶，胡浩：《把思想政治工作贯穿教育教学全过程　开创我国高等教育事业发展新局面》，《中国高等教育》，2016年第24期。

③ 陈宝生：《办好中国特色社会主义高校　切实履行好立德树人根本职责》，《时事报告》（党委中心组学习），2017年第1期。

克思主义为指导。高校党委要使思想政治工作贯穿教育教学全过程，精心培养和组织一支会做思想政治工作、懂马列、信马列、用马列的政工队伍，把思想政治工作做到日常、做到个人。从教育理念而言，要坚持以人民为中心发展教育。以人民为中心实质上包含三个层次，即使社会各阶层有公平接受高等教育的机会；以学生为中心；促使高等教育资源面向公众开放，积极发挥服务社会的职能，在建设社会主义现代化强国的过程中发挥关键作用。

中国的高校要具有中国特色，要扎根中国大地办教育。首先，“中国特色”不是要排斥国际先进办学经验。西方在现代大学制度的建设方面比我们起步早，发展状况较好，西方高校办学中适合中国国情的先进经验我们要吸收借鉴，这正像习近平在全国教育大会上讲到的那样，“要扩大教育开放，同世界一流资源开展高水平合作办学”[①]。在吸收借鉴国际办学经验的过程中也要注意保持底线思维，那些动摇党的领导地位、祸乱社会主义办学方向、不利于培养社会主义建设者和接班人的经验一定要排斥。其次，“中国特色”不是说所有的产生于中国的办学经验都是好的，我们要不断“坚持深化教育改革创新”[②]。教育改革创新是高等教育发展的不竭源泉，教育制度和措施一旦停滞，就会落后于时代，落后于人民日益增长的美好生活需要。最后，“中国特色”的集中表现是高等教育要坚持服务于中华民族的伟大复兴。总之，中国的高校要为中国服务，要为中华民族服务，要为中国人民服务。

有些人在谈到高校建设的问题时总是认为西方高校没有的，我们也不应该有，建设思路围绕西方转，跟着西方跑，被西方的掌声所引领。这是对中国特色社会主义高校道路、制度、理论、文化不自信的表现，高校管理者和高校教师应该牢固树立“四个自信”。伴随着这些年高校教育改革发展，高校建设成绩斐然，我们也有理由树立“四个自信”。2019 年《泰晤士报》世界大学排名榜公布，清华大学排在第 22 位，首次位居亚洲第一；就进入排行榜的高校数量

① 张烁：《坚持中国特色社会主义教育发展道路　培养德智体美劳全面发展的社会主义建设者和接班人》，《人民日报》，2018 年 9 月 11 日第 1 版。

② 张烁：《坚持中国特色社会主义教育发展道路　培养德智体美劳全面发展的社会主义建设者和接班人》，《人民日报》，2018 年 9 月 11 日第 1 版。

而言，我国也是首次位居亚洲第一。世界大学排名位次和数量的提升只是说明我国高校建设成绩的一个方面，这表明在中国共产党全面领导下中国特色社会主义高校建设具有制度优势和光明前途。

为何要构建人类命运共同体[①]

针对人类命运共同体的思想渊源和现实意义展开研究，对提升我们对人类命运共同体的深入了解具有不可忽视的作用。同时，对促进人类命运共同体在内政外交中更好地落实具有非常重要的价值。

一、人类命运共同体思想是中国外交的重要理念

人类命运共同体理念并不是近几年才被我们国家的领导人所重视，早在21世纪最开始的几年，就有人提出了“利益汇合点”的概念，即在共同意识的基础上才能够共同发展。在这一时期，更多的着力点还是关注解决一些国内发生的事情，对于国际上的事情则关注较少。2011年，我国发表了《中国和平发展白皮书》，在白皮书中，我国首次提出国家不分意识形态以及发展制度的不同，都能够找到共同的利益切入点，都应该成为一个利益的共同体。

自新中国成立以来，中国在国际舞台上始终坚持独立自主的外交政策，随着改革开放的不断推进，我们在国际外交领域的地位逐年提升。命运共同体的理念第一次呈现在党的报告中。之后的几年中，习近平总书记在不同的场合都提到了人类命运共同体的理念。在面对全球共同治理的问题时，习近平总书记提出了要以责任共担的命运共同体意识来共同面对全球治理的挑战。习近平总书记曾经在到访多个国家时的演讲中多次指出，人类是一个共同的命运整体，没有哪个国家能够脱离别国而独立存在，将人类命运共同体理念作为国与国之间发展的共识，是各国发展不可回避的必然选择。应该看到，“人类命运共同体”的理念是我们国家在近几年来外交和处理国际事务中不可或缺的重要理念。

---

① 作者：张云飞，燕山大学马克思主义学院教授。此文发表于《人民论坛》2017年13期，题目为《为何要构建人类命运共同体》，收录时略有改动。

二、人类命运共同体思想指导国家内政外交政策，体现出远见卓识

自从20世纪经历了两次世界大战之后，人类深刻反思了错误，认为霸权和战争是没有出路的，和平与发展才是当今的永恒主题。从现阶段世界各国的发展情况来看，各个国家都面临着共同性的发展、共同性的挑战、共同性的利益等诸多问题。在当今世界发展的总趋势和大潮流中，一个国家要想在激烈的国际竞争中争得一席之地，凭着单打独斗式的苦干和蛮干难以实现预定的目标。一个有智慧的民族，必须要在这样的大趋势中保持清醒的认识，即只有树立人类命运共同体的发展理念，未来的发展才是真正光明的。

两次世界大战后，世界各国的发展也由过去的靠掠夺别国的资源，逐步转变为依靠经济以及科技进步来促进本国的发展，国家与国家之间发生大战的可能性正在逐渐变小。在20世纪的八九十年代，随着苏联的解体以及德国的统一，全球经济和区域经济的一体化进程进一步深入，世界发展的主题也悄然发生了变化，由战争和争夺逐步转变为以和平、发展作为主题，彼此间更加真诚地进行合作。全世界的各个国家，即便是目前相对封闭的一些国家，都不能成为世界的孤岛，一个国家对于别国的依赖是前所未有的。可以这么说，当今的世界是你中有我、我中有你的世界。无论在政治、经济还是文化上世界各国都是互相关联而不可分割的，这种多层面、多层次的依赖，形成了国家间复合的依赖关系。在这样的关系中，一个国家或者一个组织，想要不通过合作就独立面对经济、政治、文化等方面的多种问题几乎是不可能实现的事情。面对这样的情况，一个国家最理性的态度就是寻求与关联国家的合作，不再以零和博弈的思维方式去解决问题。

进入第三次科技革命后，人类的经济发展模式也发生了前所未有的变化，这一阶段人类进入了以知识经济作为发展主要驱动力的时代。随着21世纪的到来，互联网技术更是得到了突飞猛进的发展，随之而来的是传统的实体经济模式受到了很大的冲击，互联网已经渗透到经济领域与现实生活的各个角落。这种状况的出现，意味着传统国家与国家、人与人之间的关系也发生了前所未有的变化，互联网让世界的距离变得越来越短，地球村已经进入了升级版。在这

样的背景下，传统的旧思维难以适应新时代的发展需要，中国政府审时度势，提出了国家与国家之间必须要以合作作为发展的共同主题，只有合作才能够促进共同发展，只有合作才能够让人类共同进步。因此，以人类命运共同体的理念指导国家的内政外交政策体现出了远见卓识。

三、人类命运共同体思想是新一届中央领导集体治国理政的飞跃式创新

近几年来，我们党和国家把中国发展定位聚焦于实现中华民族的伟大复兴以及实现中国梦的重要目标上，这是全国人民现阶段共同的理想信念和追求。在实现中国梦的进程中，我们所处的国际环境是风云变幻的，国际环境的复杂度远超过以往面临的挑战，在这样的环境中如何游刃有余地处理好国际事务是我们必须认真思考的问题。我们党不仅制定了实现中华民族伟大复兴的宏伟蓝图，还创新了许多外交理念与实践，其中人类命运共同体的理念与实践就是一个非常了不起的创新。通过在具体的实践中对人类命运共同体的很好落实，我们在复杂的国际事务中变得更加游刃有余。在这种人类命运共同体的发展理念指引下，我们的国际外交环境不断改善，这为中华民族伟大复兴以及中国梦的实现创造了良好的条件。

人类命运共同体理念创新也是一次国际战略的创新。我们主张的构建人类命运共同体的外交理念不是独立存在的，从某种意义上来说，它是对新中国成立以来独立自主的外交政策的发展和继承。同时，也是对以往外交政策以及外交理念的一次深入总结和超越。人类命运共同体，在安全层面上来理解是一种倾向于共同安全的集体安全观，同时在利益层面上的意义在于它阐释了一种利益共同获得的理念，在文化的层面上它所解读的是一种互相欣赏的文明观。从这个意义上来说，它是我们党在治国理政以及外交实践方面一个飞跃式的创新。

人类命运共同体理念以及在此理念指导下的有效实践让中国的国际形象得到了很好的提升，在国际舞台上中国已经树立起了一个负责任大国的良好形象。中国的发展不只是自身的发展，中国的发展也不是一种闭关锁国的发展，中国

愿意与世界共享改革与发展的成果，愿意与全世界各国人民一道创造美好幸福的人类生活。我们珍爱和平，我们反对战争，我们愿意与世界人民同呼吸共命运，与世界各国共同创造一个和平安宁的环境。我们愿意用新的理念和新的思维，来寻求与不同国家的真诚合作。互惠、互利、互荣是我们长期坚持的发展方针，以命运共同体的核心理念，推动我国经济在不断的合作中向前快速地发展，要倡导以合作共赢创造命运共同体的共生，要以命运共同的包容态度去容纳不同文化、不同民族、不同意识形态的人，要以一个敢于肩负重担、敢于承担风险的大国形象迎接新的挑战。

人类命运共同体理念的提出，是对一些国家指责中国实行新殖民主义的最好回击。中国在处理与亚非拉美等地区的国际关系时，所秉持的原则是要实现权力和利益的平衡。中国以人类命运共同体理念作为与上述地区合作的基础，促进和推动着地区、国家间的共同繁荣。

国际比较视阈下的中国道路自信[①]

道路关乎国家前途、民族命运、人民幸福。中国特色社会主义道路是人民的选择、历史的选择，是符合中国现实国情，实现中华民族伟大复兴的唯一正确道路。党的十九大报告提出、要坚定中国特色社会主义道路自信、理论自信、制度自信、文化自信。中国共产党和中国人民要毫不动摇地坚持自己选择的发展道路，坚定只有中国特色社会主义才能发展中国的道路自信。由于各个国家在历史、宗教、文化、思维等方面都有其独特性，因此世界上没有完全相同的发展模式，没有也不可能有一种放之四海而皆准的发展道路。中国特色社会主义道路是近代以来中国人民长期奋斗的历史逻辑、理论逻辑、实践逻辑的必然结果，是坚持党的本质属性、践行党的根本宗旨的必然要求。通过将今天的中国特色社会主义道路与封闭僵化的老路、苏联模式、新加坡模式、西方模式进行对比，在总结中国共产党自身执政经验和别国发展道路的经验教训的基础上，论证中国特色社会主义道路的独特性、实践性、科学性和创新性，从而更加坚定道路自信。

一、破与立——中国道路的自我反思

一个国家实行什么样的发展道路必须与这个国家的国情和性质相适应。正如马克思所说：大自然有令人赏心悦目的千姿百态，“并不要求玫瑰花散发出和紫罗兰一样的芳香”。独特的历史、独特的文化、独特的国情，注定了中国独特的发展道路。中国特色社会主义道路，就是在中国共产党领导下，立足基本国情，以经济建设为中心，坚持四项基本原则，坚持改革开放，解放和发展

① 作者：李晔，燕山大学马克思主义学院教授；陈兴艳，燕山大学马克思主义学院硕士研究生。此文发表于《区域与全球发展》2018 年第 5 期，题目为《国际比较视阈下的中国道路自信》，收录时略有改动。

社会生产力，巩固和完善社会主义制度，建设社会主义市场经济、社会主义民主政治、社会主义先进文化、社会主义和谐社会、社会主义生态文明，促进人的全面发展，逐步实现全体人民共同富裕，建设富强、民主、文明、和谐、美丽的社会主义现代化强国。这条道路是近代以来中国共产党和中国人民长期艰辛探索实践经验的总结。它既不同于苏联道路，也不同于改革开放前的中国，更不同于西方道路，而是打上了中国特色的深刻烙印。

事实证明，老路必穷，邪路必乱。中国特色社会主义道路的形成伴随着中国共产党人对新中国前 30 年社会主义建设的经验教训的反思。经过 28 年浴血奋战，中国共产党领导中国人民取得新民主主义革命胜利，成立了新中国。新中国成立之初，基于当时的国内外环境，中国选择了效仿苏联模式。这种高度集中的计划经济模式对于新中国恢复发展生产、奠定国民经济基础还是起到了非常重要的作用。然而，随着国家经济不断向前发展，这种模式的弊端逐渐暴露。1958 年苏共二十大暴露出苏联模式生产效率低下、经济发展结构失衡、重视积累忽视消费、生活必需品匮乏等问题。毛泽东认为它对我们最重要的教益是要独立思考，提出要“以苏为鉴”探索自己的道路，这成为探索符合中国自己国情的社会主义道路的起点。然而，令人遗憾的是，从 20 世纪 50 年代后期开始，中国社会主义建设遭受挫折，出现了“大跃进”和人民公社化运动，最终导致了十年“文化大革命”。正如恩格斯指出：伟大的阶级，正如伟大的民族一样，无论从哪方面学习都不如从自己所犯错误的后果中学习来得快。以毛泽东为代表的中国共产党人在社会主义建设的初步探索中取得了一些重要理论成果，例如论十大关系、正确处理人民内部矛盾、社会主义社会矛盾学说、中国特色工业化道路、重视价值规律和商品经济、文化的“双百方针”、坚持独立自主的和平外交政策、“三个世界”划分理论等，这些初步探索的理论成果为中国共产党探索中国特色社会主义道路打下坚实的基础。

党的十一届三中全会，以邓小平为主要代表的中国共产党人重新确立了实事求是的思想路线，中国实现了伟大的战略转折。党在总结社会主义建设的经验教训的基础上，强调要遵循经济社会发展规律，走自己的路，成功开辟了中国特色社会主义道路，开启了改革开放和社会主义现代化建设的新时期。正如邓小平同志所说："我们的现代化建设，必须从中国的实际出发。无论是革命还是建设，都要注意学习和借鉴外国经验。但是，照抄照搬别国经验、别国模式，从来不能得到成功，这方面我们有过不少教训。把马克思主义的普遍真理同我国的具体实际结合起来，走自己的道路，建设有中国特色的社会主义，这就是我们总结长期历史经验得出的基本结论。"① 在此基础上，逐步形成了建设中国特色社会主义的路线方针政策，提出要打破僵化模式的束缚，一切从实际出发，根据中国的实际情况建设社会主义。邓小平理论的确立，探索和开辟了建设中国特色社会主义的正确道路，实现了马克思主义中国化的第二次历史飞跃。在邓小平理论的指导下，20 世纪的中国又一次发生了翻天覆地的变化，开启了中华民族"富起来"的新征程。

对比国家统计局 2017 年和 1978 年两份统计公报，从中能看到中国作为世界上最大的发展中国家，在坚持并发展中国特色社会主义道路的过程中取得的一系列辉煌成就。首先，经济的持续快速发展。改革开放 40 年，我国在中国道路上实现了 GDP 年均增长接近两位数的奇迹，从 1978 年的 0.3645 万亿元增长到 2017 年的 82.7 万亿元，经济总量排世界第二位。2018 年中国的 GDP 预计将达到 13.2 万亿美元，超过 19 个欧元国家的 12.8 万亿美元；人均国内生产总值也实现了由 1978 年的 385 元增长到 2017 年的 59660 元的历史性跨越，年均增长 9.5%，已经达到中等偏上收入国家水平。其次，人民生活水平明显提高，中国共产党将提高人民生活水平作为自己的出发点和落脚点。城镇居民人均可支配收入从 1978 年的 343.4 元提高到 2017 年的 36396 元；农村居民人均可支配收入水平也跃居一个新台阶，从 1978 年的 133.6 元增加到 2017 年的 13432 元；贫困发生率从 1978 年的 97.5%大幅度下降到 2017 年的 3.1%，远低于世界平均水平，此外，国际发展水平持续领先。改革开放 40 年来，我国居民受教育程度不断提高，九年义务教育全面普及，高等教育毛入学率在 2017 年达到了 45.7%，高出世界平均水平近 10 个百分点；建成了世界上最大的高速公路网、高铁运营

① 邓小平：《邓小平文选》第一卷，人民出版社 1993 年版，第 2-3 页。

网和移动宽带网，占世界经济比重约15%，对世界经济贡献率超过30%，成为世界经济复苏的重要引擎。2018年1月发布的统计数据显示，中国铁路运营网里程达到12.7万公里，其中高铁2.5万公里，占全球铁路总里程的60%以上，形成了四纵四横全球最大的高铁网[①]。十九大报告对我国经济发展的巨大成绩进行了肯定和概述："经济保持中高速增长，在世界主要国家中名列前茅，国内生产总值从五十四万亿元增长到八十万亿元，稳居世界第二，对世界经济增长贡献率超过百分之三十。供给侧结构性改革深入推进，经济结构不断优化，数字经济等新兴产业蓬勃发展，高铁、公路、桥梁、港口、机场等基础设施建设快速推进。农业现代化稳步推进，粮食生产能力达到一万二千亿斤。城镇化率年均提高一点二个百分点，八千多万农业转移人口成为城镇居民。"[②]中国道路使中国面貌发生了翻天覆地的变化，经济建设、政治建设、文化建设、社会建设、生态文明建设都取得了长足的进步。中国模式创造的中国奇迹令世人瞩目，以无可争辩的事实证明了中国道路的正确性，证明了中国特色社会主义道路的优越性。

中国特色社会主义道路使中国面貌发生翻天覆地的变化，用几十年的时间赶追了西方发达国家一二百年才走完的发展历程，是实现人民幸福、民族振兴、国家富强的光明之路。中国道路既是独立自主、和平发展之路，也是互利共赢、共同繁荣之路，这是对中国特色社会主义道路在新时代继往开来、与时俱进的全新阐释。实践证明，封闭僵化的老路会使人民陷入贫困、社会陷入危机、国家陷入困境，是注定行不通的。

二、突破僵化模式——对苏联模式的再认识

新中国成立后，一方面是对社会主义建设严重缺乏经验，一方面是苏联社会主义建设取得了伟大成就，中国选择了仿照苏联模式，开始了社会主义建设

① 中华人民共和国国家统计局:《中华人民共和国2017年国民经济和社会发展统计公报》，《人民日报》，2018年3月1日第10版。

② 习近平:《决胜全面建成小康社会　夺取新时代中国特色社会主义伟大胜利——在中国共产党第十九次全国代表大会上的报告》，人民出版社2017年版，第3页。

的征程。

不可否认，苏联模式在特定的历史时期曾取得过巨大成就，但也存在诸多问题：经济上高度集中的计划经济体制，政治上严重的官僚主义，对外关系上的大国沙文主义，个人崇拜等。通过中国特色社会主义道路与苏联模式的比较，可以看到中国道路的正确性和优越性，以此增强道路自信。1917 年俄国十月革命，开辟了世界无产阶级社会主义革命的新纪元。列宁总结了战时共产主义直接过渡到社会主义的失败教训，从俄国的实际出发，提出了新经济政策，使新生的苏维埃俄国显示出了社会主义制度强大的优越性。但是后来的苏联模式逐渐陷入僵化，斯大林主义在许多方面都出现了极端主义和过火行为。“这种僵化的思想把在特定历史条件下形成的发展模式凝固化、绝对化，致使其缺陷和弊端成了一些人背离社会主义的借口”①。1978 年年底开始，中国正式把邓小平提出的“解放思想、实事求是”确立为指导各项工作的思想路线②。“彻底否定以阶级斗争为纲的错误理论和实践，吹响了建设中国特色社会主义的时代号角，创立了邓小平理论，”③开始了中国道路的新探索。正如恩格斯所指出的：“所谓社会主义社会不是一种一成不变的东西，而应当和任何其他社会制度一样，把它看成是经常变化和改革的社会。”④

中国道路是对苏联模式的超越。“我们的国家体制，基本上是从苏联来的，是一种落后的东西。”⑤早在苏联解体前夕，邓小平就提出：“我们过去照搬苏联搞社会主义的模式，带来很多问题。我们很早就发现了，但没有解决好。我们现在要解决好这个问题，我们要建设的是具有中国自己特色的社会主义。”⑥

---

① 徐崇温：《在国际比较中坚持和拓展中国道路》，《人民日报》，2015 年 8 月 11 日第 7 版。

② 张维为：《在国际比较中解读中国道路》，《求是》，2012 年第 21 期，第 43 页。

③ 胡锦涛：《高举中国特色社会主义伟大旗帜　为夺取全面建设小康社会新胜利而奋斗——在中国共产党第十七次全国代表大会上的报告》，人民出版社 2007 年版，第 7-8 页。

④ 马克思，恩格斯：《马克思恩格斯全集》第三十七卷，人民出版社 1971 年版，第 432 页。

⑤ 中共中央文献研究室：《邓小平思想年谱（1975—1997）》，中央文献出版社 1998 年版，第 77 页。

⑥ 邓小平：《邓小平文选》第三卷，人民出版社 1993 年版，第 261 页。

中国道路对苏联模式的超越主要体现在以下几个方面。

思想理论上，坚持解放思想、实事求是，打破教条主义，提出社会主义初级阶段论、社会主义本质论，改革开放，超越了苏联的僵化模式。

政治上，废除领导干部指派制和终身制，建设社会主义民主与法治，不断加强中国共产党自身建设，推动科学执政、民主执政和依法执政，形成了党的领导、人民当家作主、依法治国有机统一的中国特色社会主义政治发展道路，彰显了中国道路的优势。

经济上，苏联高度集中的计划经济模式，没有发挥市场的基础性功能，将一切经济活动置于指令性计划之下，采取政府直接干预企业的微观决策并对资源进行统一配置，限制商品货币关系，用行政命令甚至暴力手段管理经济，最终导致市场缺乏活力，农业长期落后，经济结构严重畸形，各部门增长幅度相差悬殊。根据苏联官方公布的资料，“如果以1913年工业产值指数为1的话，1940年、1970年、1980年、1985年工业产值分别是7.7、92、163、195，其中重工业相应是13、214、391、468，轻工业相应是4.6、30、50、61，农业总值为1.4、3.1、3.4、3.8”①。而与苏联相比，“中国提出和发展社会主义市场经济，宏观与市场双重调控，使经济既能稳定增长又不偏离原有的轨道”②。实行社会主义市场经济体制，前无古人，后有来者，是中国一次史无前例的伟大创举，是中国共产党对马克思主义的重大理论创新。根据世界银行的统计数据，中国经济总量在世界经济中的重要性在不断提高。根据世界银行数据库数据显示，1978年中国国内生产总值为1495亿美元，占世界GDP总量的1.8%，GDP世界排名第11位。2012年，中国国内生产总值为85610亿美元，占世界GDP总量的10.4%，GDP世界排名上升为第2位。到了2017年，中国国内生产总值为122380亿美元。中国GDP总量的世界排名不断上升，1993年超越了俄罗斯、2005年超越了法国、2006年超越了英国、2008年超越了德国、2010年超越了

① 苏联国家统计局：《苏联国民经济七十年》，莫斯科出版社1987年版，第7页。
② 徐崇温：《在国际比较中坚持和拓展中国道路》，《人民日报》，2015年8月11日第7版。

日本等发达国家[①]。

文化上，苏联模式对思想文化领域进行高度严格的管控，对文化领导干部实行直接任免，文化缺乏活力和创新。而在中国的思想文化领域，毛泽东提出艺术方面“百花齐放”的方针、学术方面“百家争鸣”的方针。改革开放以后，中国特色社会主义道路在文化上兼容并包，尊重文化的多样性，继续推动马克思主义中国化，提倡建设以中华优秀传统文化、革命文化、社会主义先进文化为内核的中国特色社会主义文化。

虽然，我们“必须承认‘苏联模式’作为人类历史上首次开创的一种国家制度和经济运行模式，曾创造过苏联经济奇迹，对20世纪30年代资本主义反危机起过重大的借鉴作用”[②]，但是中国特色社会主义道路在政治、经济、文化等方面都突破了苏联模式，表现出中国道路的独特优势，正如邓小平所指出的：“我们的改革不仅在中国，而且在国际范围内也是一种实验，我们相信会成功，如果成功了，可以对世界上的社会主义事业和不发达国家的发展提供某些经验。”[③]

实践表明，中国特色社会主义道路之所以能使中国在全球化的浪潮中独领风骚，关键就在于一切从实际出发，从中国处于社会主义初级阶段的实际国情出发。“中国自己探索出来的发展道路已经深刻地改变了中国，并将影响整个世界未来的走向”[④]，为世界提供了中国智慧和中国方案。

三、不可照搬的西方道路——以美国为代表

美国是目前最强大的资本主义国家，在政治、经济、文化、外交和军事等方面都处于世界领先地位。那么，以美国为代表的西方道路是否适合中国？历史和现实都给出了否定的答案，中美两国在政治制度和经济制度等方面都存在巨大差异。

① 韩兆洲，黎中彦：《中美两国经济实力与潜力的比较分析》，《数量经济技术经济研究》，2014年第7期，第117页。

② 张维为：《在国际比较中解读中国道路》，《求是》，2012年第21期，第46页。

③ 邓小平：《邓小平文选》第三卷，人民出版社1993年版，第135页。

④ 张维为：《在国际比较中解读中国道路》，《求是》，2012年第21期，第46页。

（一）经济制度的差异：公有制与私有制

首先，中美两种经济发展模式内部存在差异。发达资本主义国家坚持生产资料私有制，在优先保障私有资本的前提下，兼顾社会正义和大众的利益。这就使生产的社会化与私有制的矛盾在资本主义生产关系内部无法协调，马克思所预言的周期性的资本主义经济危机也无法摆脱。而中国道路坚持以公有制为主体、多种所有制经济共同发展的基本经济制度，将市场经济与政府宏观调控有机结合，通过改革不断调整生产力与生产关系，促进了生产力的快速发展。1978 年改革开放以来，中国经济总量增速十分惊人，取得了辉煌的成就。1978 年，中国国内生产总值仅为 3645 亿元，1978—1986 年 8 年的时间中，由 3645 亿元上升到 1 万亿元；1986—2001 年的 15 年时间里，中国国内生产总值由 1 万亿元上升到 10 万亿元；2001—2010 年的 9 年时间里，中国国内生产总值由 10 万亿元上升到 40 万亿元；到 2012 年，中国国内生产总值已达到 519470 亿元。剔除价格因素影响，2012 年中国 GDP 是 1978 年的 24.2 倍，1978—2011 年 GDP 年均增长 9.9%，这一速度远高于世界各主要经济体同一时期的增长水平[①]。2018 年中国的 GDP 预计将达到 13.2 万亿美元，超过 19 个欧元国家的 12.8 万亿美元[②]。

其次，中美两种经济发展模式的出发点和落脚点不同。“发达资本主义国家的经济制度始终保留了一种为赚钱而赚钱的本性”[③]，实现个人经济利益的最大化。因此，在以美国为代表的西方资本主义国家内部，无产阶级与资产阶级的对立和贫富两极分化依然存在。而中国道路把“实现共同富裕”作为社会建设的本质要求和目标，以人的全面发展为最终理想，出发点和落脚点都是在为人民谋取利益。邓小平指出：“社会主义的目的就是要全国人民共同富裕，不

---

① 韩兆洲，黎中彦：《中美两国经济实力与潜力的比较分析》，《数量经济技术经济研究》，2014 年第 7 期，第 116 页。

② 中华人民共和国国家统计局：《中华人民共和国2017年国民经济和社会发展统计公报》，《人民日报》，2018 年 3 月 1 日第 10 版。

③ 李抗，丁戎：《在国际视域比较中坚定中国道路自信》，《佳木斯大学社会科学学报》，2016 年第 2 期，第 29 页。

是两极分化。如果我们的政策导致两极分化，我们就失败了。”[①]现在中国道路就是坚持走“共同富裕”的道路，这是社会主义与资本主义的本质区别，是社会主义的优越性所在。根据世界银行数据库资料，中国工业增加值一直保持高位增长，年均增长率远高于世界平均水平和主要贸易参与国的增长水平。即使2008年世界金融危机爆发后，美国、日本、欧盟等世界主要经济体的工业发展出现了负增长，中国工业增加值仍能保持10.58%的平均增长速度，在世界经济泥沼中独树一帜[②]。

（二）政治制度的差异：人民党与贵族党

一个国家实行什么样的政治制度，走什么样的政治发展道路，必须与这个国家的国情和性质相适应。中国特色社会主义政治发展道路，必须坚持党的领导、人民当家作主、依法治国有机统一。中国不能搞西方的多党制和“三权分立”，这是近代以来中国的历史和现实国情决定的。

中国共产党的领导是中国制度最大的优势，是中国特色社会主义最本质的特征。中国共产党领导下的中国特色社会主义制度的优越性体现在：富有高效率，能够对出现的挑战和机遇做出及时有效的反应，有利于制定国家长远的发展规划和保持政策的稳定性。而西方多党制下，各政党为夺得或控制政权不择手段，内耗丛生，政府更迭频繁，效率低下，经济发展深受影响。而中国政党制度所具有的高效率和政策的稳定性、持续性，已成为许多西方资本主义国家政党羡慕和学习的重点。

同资产阶级政党制度相比，中国共产党领导的多党合作和政治协商制度的特点和优点是显而易见的。中国共产党代表的是全体人民的利益，而西方资本主义国家维护的是少数资产阶级的经济、政治利益。西方多党制下，多党竞选本身常常被金钱、财团所操纵，腐败丛生。西方资产阶级政党的候选人参与选举，必须有垄断资本家集团的大力支持，使用各种宣传工具，进行包装造势。“没

---

① 邓小平：《邓小平文选》第三卷，人民出版社1993年版，第110-111页。

② 韩兆洲，黎中彦：《中美两国经济实力与潜力的比较分析》，《数量经济技术经济研究》，2014年第7期，第118页。

有钱就不能为竞选总部和关键州的分部招兵买马，没有钱就无法与选民沟通。”[①]例如，1980 年，共和党领袖里根与民主党领袖卡特在全国大选中耗资 10 亿美元之巨，美国的大选堪称“烧钱游戏”。垄断资本家集团之所以愿意斥巨资支持总统选举，也只不过是想要取得更多的利益。恩格斯曾对美国两党制的本质进行揭露：“正是在美国，政治家比其他任何地方都更加严厉地构成了国民中一个特殊的和富有的权势的部分。那里两个轮流执政的大党中的每一个政党都是这样一些人操纵的，这些人把政治变成了一种利润丰厚的生意，拿合众国和各州议会的议席来投机牟利，或是以替本党鼓动为生，而在本党胜利后取得相当的职位作为报酬。”[②]有数据统计，1953—1980 年，美国四届共和党政府和五届民主党政府的 23 位主要负责人中，有 18 位曾做过大公司的董事、总经理，验证了“资产阶级政党是少数有钱人的统治工具”这句话。此外，在两党制中，各国党派为了在竞选中获胜，勾心斗角，相互攻击，使其一部分力量在相互牵制和争斗中消失殆尽。“资产阶级的两党制和多党制是资产阶级的互相倾轧的状态决定的，它们谁也不代表广大劳动人民的利益。”[③]

中国共产党是中国工人阶级的先锋队，同时是中国人民和中华民族的先锋队，代表中国最广大人民的根本利益。中国共产党将自己认定为是人民群众在特定的历史时期，为完成特定的历史任务的一种工具。中国共产党领导的多党合作制与资产阶级的政党制度不同，它是维护全体人民利益的，并且中国共产党领导的多党合作和政治协商制度，“各民主党派对中国共产党和国家的政策决定提出批评和建议，有利于调动各方面的积极因素，避免资本主义制度两败俱伤的局面”[④]。中国政党制度的优势为创造中国奇迹提供了强大保障。2017 年，联合国在纽约总部发布了《2018 年世界经济形势与展望》，报告指出，全球经

① 王进：《我国与西方资本主义国家政党制度之比较》，《经济研究导刊》，2011 年第 14 期，第 218 页。

② 马克思，恩格斯：《马克思恩格斯选集》第二卷，人民出版社 1995 年版，第 335 页。

③ 邓小平：《邓小平文选》第三卷，人民出版社 1993 年版，第 231 页。

④ 王进：《我国与西方资本主义国家政党制度之比较》，《经济研究导刊》，2011 年第 14 期，第 219 页。

济增长趋强，东亚和南亚仍是世界上最具经济活力的区域，中国 2017 年对全球的经济贡献约占 1/3。

中国用举世瞩目的成就证明了中国特色社会主义制度的强大生命力。党的十九大报告指出：“世界上没有完全相同的政治制度模式，政治制度不能脱离特定社会政治条件和历史文化传统来抽象评判，不能定于一尊，不能生搬硬套外国政治制度模式。”① 冷战结束后，西方的多党制通过各种方式被移植到一些发展中国家后，结果导致政党林立、社会矛盾激化、经济停滞、政治动荡。这些血的教训再一次告诉中国，别国道路不可复制，西方资本主义道路不能照搬。“中国特色社会主义政治制度是中国共产党和中国人民的伟大创造。我们完全有信心、有能力把我国社会主义民主政治的优势和特点充分发挥出来，为人类政治文明进步作出充满中国智慧的贡献！”②

四、不可复制的小国模式——新加坡模式

新加坡被国际社会称为“东南亚的以色列”“亚洲的瑞士”，是全球最为富裕的国家之一，其经济模式以稳定的政局、廉洁高效的政府而著称。新加坡从建国至今 50 多年的时间中，在政治、经济和文化等各方面都取得了辉煌成就，其中最为突出的是新加坡的经济成就和其独特的政治发展模式。通过将新加坡模式与中国模式进行比较，来看中国特色社会主义道路是中国发展的正确选择。

1965 年独立后，新加坡立足本国实际，因地制宜，实行对外开放政策，经济迅速发展，成为世界上经济增长最快的国家之一。新加坡模式，是指以新加坡经验为主，糅合中国香港、台湾地区与韩国经验的一种发展模式。其共性是：在政治强人的领导下，推行出口替代型市场经济，在经济快速发展的同时防止贫富差距扩大，以维持社会稳定、强化核心价值观塑造，成为经济跨越式发展、民众生活水平明显提高、社会保持稳定的小型开放经济体。

① 习近平：《决胜全面建成小康社会 夺取新时代中国特色社会主义伟大胜利——在中国共产党第十九次全国代表大会上的报告》，人民出版社 2017 年版，第 36 页。

② 习近平：《决胜全面建成小康社会 夺取新时代中国特色社会主义伟大胜利——在中国共产党第十九次全国代表大会上的报告》，人民出版社 2017 年版，第 40 页。

（一）政治领域

新加坡推行贤人政治与有管理民主，实行现代版的“开明专制”。有管理民主首先体现在，表面上承认多党民主制，但又通过制度设计与实际运作，形成人民行动党“一党优势制”。“对中国而言，政治改革中最困难的问题在于，如何区别现代化与西方化的差别。从新加坡的经验来看，就是说，该向西方国家学习的、对自己发展有用的，就应该果断地‘拿来’，对不需要的或是暂时条件还不成熟的可以拒绝或加以改造。”[①] 与新加坡这样的小国相比，幅员辽阔、人口众多的中国建立了中国共产党领导的多党合作和政治协商制度，中国共产党领导、多党派合作，中国共产党执政、多党派参政，从而能够把社会各方面的政治力量整合成朝同一目标作用的正向力量，最大限度地有效整合了社会资源，为社会主义建设服务。

（二）经济领域

新加坡独立后，李光耀积极推动经济改革与发展，推行的是政府指导下的、开放性的、自由经济与经济统治相结合的混合型市场经济体制。与之相比，中国的经济发展从计划经济转向“计划经济与市场经济相结合”，并在 1992 年确立了“社会主义市场经济”体制。这是中国社会主义经济体制的一次彻底变革，是中国特色社会主义道路探索中的一个伟大创举。新加坡依据自身市场狭小、资源匮乏、地理位置优越等特点，建立的是出口替代型经济，实现大进大出，外贸依存度超过了 100%。在发展前景的选择上，与新加坡出口替代型经济相比，中国根据特殊的国情，实行改革开放，实现联产承包，打破了统购统销体制，提升了农产品价格，提高了农业生产率，使大量农村劳动力得以解放，催生了大量的乡镇企业，产业链日益完整，基础设施配套逐渐完备，全国一盘棋，能够集中优势力量办大事，此外，国内市场强大的消费潜力，成就了中国制造业大国的发展标签。中国社会科学院相关资料显示，在世界主要工业制品

① 吴乐进：《新加坡模式对中国现代化道路选择的启示与借鉴》，《中国市场》，2009 年第 52 期，第 46 页。

中，中国的钢、煤、水泥、棉布等220种工业品产量位居全球第一[①]。目前中国正努力从制造大国向创新型国家转变，不断为中国的发展注入新的活力。德勤有限公司和美国竞争力委员会发布的《2016全球制造业竞争力指数》报告指出，2016年我国制造业竞争力指数在全球排名第一。据联合国的统计数据，2017年中国827122亿元的GDP中，制造业产值为242707亿元，占中国经济比例为29.34%，是中国经济发展的命脉产业，而且超过美国，跃居世界第一。

（三）外交领域

新加坡的外交战略，是"小事大以智"的典型表现，整体上表现为"远交近守、依靠西方、适时调整、保持独立"。与之相比，中国作为一个大国，不仅要发展自己，而且也要为世界发展贡献"中国智慧"。中国通过"一带一路"推动建立人类命运共同体等外交战略，大大提升了周边外交的重要性。孟子曰："大事小以仁、小事大以智。"如果说新加坡做到了"小事大以智"，中国需要展示的则是"大事小以仁"。"中国既学习别人之长，也汲取别人的教训，从而迅速壮大了自己，推动了中国方方面面的进步。"[②]

总之，新加坡模式使新加坡成为世界上经济增长最快的国家之一，这是新加坡充分运用本国特殊的地理条件，扬长避短，立足自身，走出了一条独特的成功发展道路。这一成功道路为类似新加坡这样的岛国提供了借鉴，但并不完全适用中国的具体情况。而且，新加坡严重依赖国外市场，容易受到外部因素的影响，经济发展存在着一定的脆弱性和不稳定性，并不完善。因此，世界上没有一成不变的发展道路，也没有放之四海而皆准的发展道路，只有不断适应国际国内形势的新变化，结合自身实际，以提高和改善人民生活水平为目标，探索适合本国国情的发展道路，才是正确的"中国道路"。

综上所述，中国特色社会主义道路是从中华民族5000年的历史文化孕育出来的，是从近代中国178年风云变幻中思索出来的，是从中国共产党97年来将马克思主义理论中国化的进程中开创出来的，是从改革开放40年的实践中探索

① 韩兆洲，黎中彦：《中美两国经济实力与潜力的比较分析》，《数量经济技术经济研究》，2014年第7期，第118页。

② 张维为：《在国际比较中解读中国道路》，《求是》，2012年第21期，第45页。

出来的，符合中国的历史、文化与现实国情，具有极强的中国特色。在国际视阈下将各个时期、各国发展道路进行比较，能够充分证明中国道路的优越性以及符合中国自身实际的正确性，增强中国道路自信。每个国家的发展道路都是独特的，我们既要吸收别国发展道路的长处，更要看到中国特色社会主义道路的优势。“一切民族都将走向社会主义，这是不可避免的，但是一切民族却不会完全一样。”[①] 中国特色社会主义道路是适合中国国情、指引中国发展进步的光明道路。中国人民将继续沿着这条成功之路前行，不断迎接新挑战，战胜新困难，实现中华民族伟大复兴的中国梦。

① 列宁：《列宁选集》第二卷，人民出版社 1995 年版，第 777 页。

深入理解习近平新时代中国特色社会主义思想的核心要义[①]

正确与伟大的实践，离不开科学思想与理论的引领。中国共产党第十九次全国代表大会的报告与会议通过的党章修订案中，把习近平新时代中国特色社会主义思想作为党的行动指南，这是马克思主义与中国实际相结合的又一次与时俱进，是当代的中国马克思主义。

要实现习近平新时代中国特色社会主义思想深入人心、指导实践，必须对其核心要义有准确把握和理解。十九大报告明确指出："坚持和发展中国特色社会主义，是改革开放以来我们党全部理论和实践的鲜明主题，也是习近平新时代中国特色社会主义思想的核心要义。"对其核心要义的理解，既要从历史的维度来思考，又要从现实的视角来考量，既要从中国自身特点来分析，又要放眼世界来审视。

习近平新时代中国特色社会主义思想的确立，进一步向世界证明科学社会主义具有强大的生命力和活力。100年前的俄国十月革命将马克思主义由理论变为了现实。从此在资本主义模式之外，世界又有了一条新式的发展道路，并催生出一大批社会主义国家与政权。20世纪80年代末90年代初，由于探索中出现失误，东欧剧变、苏联解体，一时之间，社会主义失败的论断甚嚣尘上。在这种压力之下，改革开放中的中国高举社会主义的大旗，不畏艰险、埋头苦干、迎难而上，以自身的勇气与自信，以自我的努力与拼搏，创造了一个又一个的发展奇迹，推动着人民生活实现了一步又一步的提升，向世界证明了东欧剧变只是苏联模式的失败，并不是科学社会主义的失败，科学社会主义没有过时，科学社会主义仍然具有生机活力！

中国之所以始终不渝地坚定地高举社会主义的大旗，是因为社会主义的这

① 作者：包巍，燕山大学马克思主义学院副教授。此文发表于《秦皇岛日报》2017年12月11日第6版，收录时略有改动。

条道路是历史与人民历尽艰难万险才探索出的正确选择。1840年以来，随着列强的步步野蛮侵略，无数爱国志士流血牺牲，苦苦追寻中华民族的出路。从血染菜市口的戊戌变法，到推翻帝制的辛亥革命，再到倡导走第三条道路的民主党派运动，我们一方面为他们的爱国精神所感动，另一方面又为他们无法推翻帝国主义与封建势力而痛心。在中国近代半殖民地半封建社会的土壤里生长出的中国资产阶级，软弱性与生俱来，意味着资本主义道路不论好与不好都不适合中国的国情。所以，当中国共产党成立后，中华民族看到了曙光。共产党通过土地改革，改变了封建制度，推动了社会前进；共产党团结动员民众，凝聚民族力量，最终打跑了帝国主义，打败了封建势力，实现了民族的彻底独立。新中国成立后，尽管新民主主义社会是一个过渡的社会，但是共产党不会将国家带向资本主义道路。因为共产党以人民为初心，既不会通过剥夺农民的土地来进行资本积累，又不会去对外掠夺、强占殖民地，所以新中国不可能从新民主主义社会走向资本主义社会。1956年社会主义改造的完成，使中国终于进入了社会主义社会。正是在社会主义制度下，中国很快有了两弹一星，摘掉了贫油国的帽子，可以造汽车、飞机、坦克，兴建了大量的铁路、公路、水库……为改革开放奠定了坚实而丰厚的基础。历史证明，只有社会主义道路才适合中国的发展。

社会主义道路充满艰难险阻，科学社会主义的真理只有和各国的具体国情相结合才能显现出强大的生命力，中国的社会主义道路探索同样充满艰辛。但正是凭着对实事求是的坚守，对不忘初心的回溯，使得我们终于走出徘徊，迎来了改革开放的春天，走出了一条中国特色的社会主义康庄大道。这条路，因其独特而倍显瞩目，也因其独特而饱受质疑。从改革开放伊始的“中国崩溃论”，到中国持续发展中的“中国威胁论”，到中国飞速前进的“中国责任论”，世界看中国的角度在变，世界对中国的态度在变，只是因为我们走出了一条经过实践证明正确的中国特色的社会主义道路！

我们从中国特色社会主义道路走来，我们还要继续沿着这条道路前行！坚持和发展中国特色社会主义道路，这是对历史的总结，也是对现实的概括，是习近平新时代中国特色社会主义思想的核心要义。在这一思想的指引下，我们将很快实现全面建成小康社会的目标，我们也终将实现社会主义现代化强国的宏伟蓝图。中国的发展将继续向世界证明，科学社会主义是正确的，也将为既想保持自身独特性又要快速发展的广大发展中国家，贡献中国的智慧，提供中国的方案！

共同富裕与共同幸福：社会主义核心价值观的再次凝练[①]

自社会主义核心价值观提出以来，学界一直存在着再次凝练社会主义核心价值观的呼声与期望。我们认为，再次凝练社会主义核心价值观，必须立足于科学社会主义的基本原则，反映人民群众对幸福生活以及未来社会发展的美好期待。从社会主义本质“最终实现共同富裕”的价值目标，到中国梦“国家富强、民族振兴、人民幸福”的庄严承诺，贯穿其中的是中国共产党人对人民群众共同富裕与共同幸福的美好追求。共同富裕与共同幸福的价值追求不仅反映党心民意，而且符合科学社会主义的基本原则，顺应人类社会发展的大趋势。

一、马克思主义经典作家对共同富裕与共同幸福的认识

马克思、恩格斯运用辩证唯物主义和历史唯物主义这一世界观和方法论，通过对人类社会发展进程的研究，发现了人类社会始终以“共同生活”为基本准则，得出了人类社会必定会朝着“共同富裕”“共同幸福”的发展目标前进的科学结论。

首先，马克思、恩格斯从研究人类社会发展的客观规律出发，揭示了人类社会追求“共同富裕”的历史轨迹。恩格斯指出，马克思一生最伟大的发现，就是创立了唯物史观，提出了科学的社会发展理论。马克思认为，人类社会的发展，表现为生产力与生产关系的矛盾运动过程，一切社会变迁的终极原因不应从人们思想头脑中去寻找，而应从生产方式和交换方式的变更中去寻找。人类社会的发展进程，从原始社会、奴隶社会、封建社会、资本主义社会，经过社会主义社会而进入共产主义社会，由物质生活的极度贫乏到物质财富的极大丰富，其最终的目标指向是“共同富裕”。这是不以人的意志为转移的客观规律。马克思在不同的场合和不同的著作中分别提出了不同社会发展形态的称谓。早

① 作者：陈春利，燕山大学原党委副书记，现为燕山大学马克思主义学院教师。

在《德意志意识形态》中，他提出了原始的、古代的、封建的和现代资产阶级几种社会形态。依据生产资料所有制情况，把人类社会划分为“共同贫穷”的原始公有制—“贫富分化”的生产资料私有制—“共同富裕”的共产主义生产资料公有制。从而，从世界历史的宏大视野进一步确证了人类社会必然走向“共同富裕”的历史事实。

其次，马克思、恩格斯从研究社会基本矛盾运动入手，揭示了人类社会“共同富裕”的理论依据。马克思、恩格斯通过对人类社会实践的考察，确认了社会生产力的发展是社会基本矛盾的引发者和内在的动因，是社会发展的根本动力。马克思认为，在资本主义社会，生产力与生产关系的基本矛盾具体表现为生产社会化与生产资料的资本主义私人占有的矛盾，这一矛盾的结果必然导致生产相对过剩的资本主义经济危机，加剧社会的两极分化。社会主义公有制从根本上解决资本主义自身无法解决的这一矛盾，公有制使人们在生产资料面前实现了权利的平等，依赖生产资料的占有而剥夺别人的劳动成为不可能，社会出现两极分化的基础被彻底消灭。

最后，马克思、恩格斯从研究社会价值观入手，揭示了人类社会“共同富裕”“共同幸福”的实践途径。马克思、恩格斯认为，社会主义的目标符合劳资双方所有成员的最大利益，而且无产阶级只有解放全人类才能最后解放自己；只有把劳资双方都从异化状态下解放出来，进而都过上符合人性的幸福生活，那才是真正实现了社会主义的人道目标。所以，社会主义的基本价值观从来都不是狭隘的阶级价值观，而是与马克思主义价值观相一致的，是符合人类本性和人类普遍利益的价值观。

二、社会主义对共同富裕与共同幸福的追求

（一）共同富裕是社会主义的价值目标

从价值论的视阈来考察什么是社会主义，它应该是以社会的整体发展为自己的价值本位的，这是相对于以资本的个体占有为本质特征的资本主义来讲的。它是在对资本主义给人类文明带来的贫富差别的批判以及对资本主义的扬弃中，以理论、运动和制度形态体现对资本主义的超越、对理想社会的探索和对人类

文明的终极关怀。最能体现社会主义精神的就是共同富裕。卢梭曾经说过：“按照贤明的洛克的格言：在没有私有制的地方是不会有不公正的。现代社会存在不平等是必然的。”[①]卢梭在这里主要是批判私有制的弊端，尽管他也指出绝对平等在任何时候、任何情况下实际上都是不存在的，即使在自然状态下也是这样。

和资产阶级思想家卢梭的出发点和目的不同，马克思、恩格斯虽然把公正放在一定的历史长河里，放在基于生产力发展水平的基础上进行考察，有一点要特别强调：他们对共同富裕这一社会主义的根本原则从来没有动摇过，他们曾讲过社会主义制度与资本主义制度之间“具有决定意义的差别当然在于，在实行全部生产资料公有制（先是单个国家实行）的基础上组织生产”。但与此同时，他们又强调建立社会主义公有制是为了实现人民的共同富裕，也就是说，建立社会主义公有制是共同富裕的制度基础，正如高度发达的生产力是共同富裕的物质前提一样。在《政治经济学批判大纲》中，马克思指出，在新社会制度中，生产将以所有人的富裕为目的。

资本主义是以资本的个体占有为价值本位，对资本个体最大化的追求必然导致人们富裕程度的巨大差别和社会的裂变。社会主义是以社会的整体发展为价值本位。在生产资料公有制条件下，劳动人民能从总体上保持平等的经济地位、平等的社会地位和平等的人格，用列宁的话来说：“全体公民在同整个社会的生产资料的关系上处于同等的地位，这就是说，全体公民同样可以利用公有的生产资料、公有的土地、公有的工厂等进行劳动。”[②]这就排除了个人凭借生产资料所有权无偿地占有他人剩余劳动产品的可能，从而为消灭压迫、消灭剥削、消除两极分化、实现共同富裕，进而为形成人与人之间的和谐关系奠定了基础。

（二）共同富裕是社会主义市场经济的本质属性

共同富裕是指社会成员在积极劳动下获得了自我价值存在的经济平等和财富所有。人类社会的初始阶段，在没有剩余财富的前提下，只有“共同生活”，无所谓“共同富裕”。只有当人类社会进入社会主义阶段后，才能把“共同富裕”

① [法]卢梭：《论人类不平等的起源和基础》，商务印书馆1962年版，第149页。
② 列宁：《列宁全集》第二十四卷，人民出版社1963年版，第329页。

作为社会终极的价值追求。

共同富裕从经济学层面和价值观层面阐释了社会主义市场经济的内在要求。

1. 市场经济是实现共同富裕的原动力

贫穷不是社会主义，社会主义要消灭贫穷。社会主义的本质是解放生产力、发展生产力，在此基础上，消灭剥削，消除两极分化，最终达到共同富裕。在《政治经济学批判》中，马克思指出，在新的社会制度中，“社会生产力的发展将如此迅速……生产将以所有的人富裕为目的”[①]。要摆脱贫穷，实现富裕，就需要寻找能够刺激广大人民群众致富的原动力。我国50多年经济建设的经验和教训已经证明，计划经济条件下的平均主义分配方式严重压抑了广大人民群众的积极性和创造力，其结果是共同贫穷。而打破平均主义，最好的办法是以市场机制代替计划机制，通过市场办法来解决。市场机制之所以能够成为广大人民群众致富的动力，主要是因为在市场经济条件下，能够承认人们具有追求物质利益的动机。早在1978年，邓小平同志就指出：“不讲多劳多得，不重视物质利益，对少数先进分子可以，对广大群众不行，一段时间可以，长期不行，革命精神是非常宝贵的，没有革命精神就没有革命行动。但是，革命是在物质利益的基础上产生的，如果只讲牺牲精神，不讲物质利益，那就是唯心论。”[②]

中国特色社会主义的一大特殊之处就是用社会主义市场经济的手段，来实现共同富裕的目的。市场经济是社会资源配置的一种方式，是市场对资源配置起基础作用的商品经济。市场经济是一种经济手段，本身不具有制度属性，与社会主义相结合就体现出社会主义基本制度的特征。它具有强劲的利益刺激功能、灵敏的信息传递功能、良好的经营导向功能、高效的资源配置功能，以及公正的奖优罚劣功能，能够通过公平竞争机制，最大限度地激发社会成员的积极性和创造性，提高效率，为经济发展提供动力。发展社会主义市场经济就应该在承认社会成员个体差别的基础上承认市场原则，各尽所能，按能分配，以实现市场公平。但是，市场经济具有自发性、盲目性，容易引发社会不公平现

① 马克思，恩格斯：《马克思恩格斯全集》第四十六卷（下），人民出版社1980年版，第222页。

② 邓小平：《邓小平文选》第二卷，人民出版社1994年版，146页。

象，这就需要执政党——中国共产党动用执政资源，利用公有制经济的主体地位，通过政府宏观调控，弥补市场经济的不足，政府的这一角色不可缺失。具有强大的宏观调控恰恰是社会主义市场经济的优点，把实现最广大劳动人民的利益作为出发点和归宿，把人民的当前利益与长远利益、局部利益与整体利益结合起来。社会主义市场经济就是应该更好地发挥计划和市场两种手段的长处。

2. 社会主义基本制度确保市场经济沿着实现共同富裕的方向发展

如果市场是动力，那么共同富裕就是方向。当今世界的富裕有两种：一种是建立在生产资料私有制基础上的资本主义的少数人富裕、多数人贫穷，社会两极分化；另一种是建立在生产资料公有制基础上社会主义的全体社会成员的共同富裕。“共同富裕”就是消除两极分化和贫穷基础上的普遍富裕。社会主义追求的富裕是公平正义基础上的富裕，是全体人民的共同富裕。西方价值观以个人主义为思想原则，所谋求的幸福是个人的幸福，而社会主义价值观是以集体主义为思想原则，谋求的是全体人民的共同的富裕。社会主义有富裕，资本主义也有富裕，虽然当今资本主义确实比社会主义富裕，但二者有着根本的区别：资本主义的富裕是存在两极分化的富裕，是以多数人的普遍贫穷为代价的，而社会主义的富裕是不存在两极分化的共同富裕；资本主义在一定历史阶段、一定程度上能够解放、发展生产力，但它无法消灭剥削、消除两极分化，也就永远无法实现共同富裕。社会主义的最大价值就是在不断发展生产力的基础上保障全体人民过上共同富裕的生活。这是两种不同社会制度下的两种不同“富裕”。

面对资本主义市场经济出现的两极分化，马克思主义的经典作家提出了科学社会主义理论。作为比资本主义更高级的一种社会形态，社会主义社会应该是对资本主义的扬弃。那么，社会主义该怎样解决资本主义的市场问题呢？从理论上来看，社会主义是一种以群体利益为目标，以按劳分配为根本的非个人获利模式，是以是否对社会发展有利，作为衡量标准的社会。它通过实现生产资料的公有制和按劳分配来调整资本主义社会生产的无序状态，通过政府的宏观调控来实现社会公正，防止两极分化。这正是社会主义市场经济与资本主义市场经济的本质区别。因此，中国要的“社会主义市场经济”，仅仅是市场经济不行，还必须是一种能够实现全民整体利益的、实现“共同富裕”的市场经济。这是我们在发展和完善社会主义市场经济的道路上必须坚持的价值取向。

同时，市场关系是社会关系的基础反映，而社会关系作为上层建筑自然有其不同于市场关系的更多层面的内在要求，这就需要运用上层建筑的手段（政府宏观调控）反作用于经济基础。因为虽然市场经济有促进人们实现富裕和幸福的价值取向，但市场无力将其冠以“共同”的约束，这就需要社会主义国家的上层建筑在不破坏市场经济基本规则的前提下使富裕和幸福沿着“共同”的轨道运行。

3. 宏观调控是实现共同富裕的重要手段

当前，在社会主义市场经济中，实现共同富裕已经成为一个紧迫性的问题，我国正处于解决共同富裕问题的关键时期。解决这一问题需要从两个方面入手：

一是要以政府有效的宏观调控作为实现共同富裕的基本保证。

市场机制在实现资源最优配置、激发广大人民群众积极性和创造性的同时，其自身也有难以克服的缺陷。如果缺乏政府的干预，市场的不足和缺陷就会引发各种问题，如出现贫富差距。在社会主义市场经济条件下，我国政府有效的宏观调控是实现共同富裕的重要保障。

从现代经济发展看，市场和政府是推动经济发展的两个主要力量。从它们的作用看，市场更注重效率，政府更注重公平。要消除贫富差距，避免两极分化的发生，最终达到共同富裕，就必须充分发挥政府的作用和职能。市场经济与共同富裕的现实悖论，靠市场自身是无法解决的，政府部门必须积极介入。只有政府部门充分发挥自己的职能，加速经济的发展，加强对国民收入分配的调节，才能逐步消除贫富差距，最终实现全体社会成员的共同富裕。社会主义和资本主义宏观调控的本质区别也正在于此。社会主义国家可以利用公有制在国民经济中的主体地位，引导市场经济朝着有利于国家发展战略的方向运行，还可以利用公有制经济所创造的财富，通过改善民生的手段开拓市场，避免经济危机的出现。这在资本主义那里是难以做到的。

二是在分配领域，以明确资源与市场的社会属性，提高其在分配过程中的地位和份额作为实现共同富裕的基本路径。

社会主义是在社会生产力高度发展，而资本主义进步性日趋衰落，对社会发展的桎梏性日趋明显的条件下应运而生的。社会主义认为，社会产品是社会资源、生产手段和市场需求三位一体的结合。在社会主义制度建立以前，由于生产手段的低下，生产资料所有权在社会产品分配过程中居于主导和支配地位。社会主义社会就是要强调资源和市场的社会属性，提高其在分配过程中的地位和份额。这种“提高”更多的是通过国家政策、法规的手段实现的。它的最终目标是消灭私有，实现共同富裕。

社会主义的首要任务是接过资本主义的接力棒，继续推动社会生产力的发展。在社会生产能力相对较低的情况下，完全取消私有制是不利于生产力提高的。但若允许所有制在社会产品分配中所占比例日益侵占社会部分，社会生产过程同样会受到侵蚀和制约。因此，从这个意义上说，允许私有制存在是为了发展生产力，抑制私有制存在是为了解放生产力。

社会主义强调个人财富的占有。社会主义认为，个人能力首先是社会关系作用于个人勤奋的结果。因此，在肯定、关照个人能力的条件下，提倡各尽所能，奉献社会。对社会贡献较大者，更多地给予精神上的鼓励和褒扬，使劳动逐渐成为第一需求，使个人的自由发展成为全体人民自由发展的条件，形成社会主义的公德意识，为共产主义创造必不可少的前提条件。

资本主义基本矛盾，是生产社会化与生产资料私人占有之间的矛盾。传统市场经济理论认为，由于资源的稀缺性而实行市场需求配置。但其产品分配环节中，不是依据市场需求配置，而是主要以生产资料的占有情况为依据，因此，出现贫富差距、市场萎缩、经济危机。社会主义市场经济理论强调在产品分配过程中，既要注重资源的稀缺性，更要强调资源的共有性。同时认识到市场的平衡是经济运行的稳定器、动力源，而市场属于全社会劳动者，这就需要更全面的分配手段，更多层次地平衡利益关系，实现市场平衡，促进生产发展，实现共同富裕。社会主义在其初级阶段的功能作用，就是先由市场配置资源，再由政府调节、分配、平衡市场。这就是中国特色社会主义的基本内涵，它的理论依据是：资源为国家所有，市场主体是社会消费者，中国共产党代表全体劳动者，以共同富裕、共同幸福为终极目标。

（三）“共同幸福”是社会主义的终极价值

社会主义终极价值既是贯穿于全部社会主义价值之中的价值，又是统领着全部社会主义价值的价值，也是使整个社会主义价值体系根本不同于非社会主义价值体系的价值，具有较强的普遍性和主导性。按照这个特征去探寻，只有“共同幸福”才能成为社会主义的终极价值，理由有四：

（1）人的自然属性是追求幸福，社会主义核心价值观是充分体现以人为本的价值观，如果说实现共同富裕是实现这一价值观的物质层面追求，那么共同富裕就构成建立在物质追求基础上的精神追求，所以社会主义的终极价值实际就是共同幸福。

（2）幸福是每一个人的终极价值追求，社会主义与包括资本主义在内的原始社会解体以来的各种文明形态之间的最终区别和最大区别也正是在于：前者是主张和实践共同幸福的，后者则在事实上是主张和实践以多数人的痛苦和不幸换取少数人的幸福的。共同幸福在造成这种根本区别中的终极性的核心地位，也证明了它是社会主义的终极价值之所在。

（3）共同幸福是使公正、自由、平等、民主、人权、博爱、和谐等基本价值成为社会主义基本价值的终极价值源泉。人们追求这些基本价值的终极原因，在于它们一般是幸福的源泉。但当它们只为少数人所享有的时候，它们就只是少数资产阶级人士的幸福源泉，因而它们也就成了资本主义的基本价值。它们之所以会发展成为社会主义的基本价值，归根结底是因为有了共同幸福这个终极价值。按照共同幸福这个终极价值的要求，这些基本价值不能仅仅为少数人所享有，而是应当为全体社会成员所普遍享有。换句话说，如果一部分人的自由、平等、人权的实现要以另一些人的相应权利为代价时，它就不能成为社会主义的基本价值。共同幸福既是社会主义基本价值的源泉，又是社会主义基本价值的母体，也是高居全部社会主义基本价值之上的“价值统帅”。因此，所谓社会主义的终极价值、最高价值、核心价值，实际就是全体社会成员的共同幸福。

（4）共同幸福是处理社会主义基本价值内部矛盾的最高标准，也是解决这种矛盾的最高协调者。在各种社会主义基本价值之间，不仅存在着基本的一致性，而且也存在着某些结构性或（和）阶段性的矛盾。例如，在普遍自由与社会平等、普遍自由与普遍民主、普遍民主与共同富裕等社会主义基本价值之间，就是这样。处理这些基本价值之间的矛盾，一是必须有一个人们赖以权衡利弊和判断是非的最高标准，二是必须有一种能够推动人们按照这种标准协调解决这种矛盾的最高价值力量，即必须拥有解决这种矛盾的最高协调者，而这个最高标准和最高协调者就是共同幸福。共同幸福作为社会主义基本价值的母体所发出的最高价值命令就是：“一切服从共同幸福的需要，一切以是否有利于共同幸福为标准。”共同幸福作为社会主义的终极价值目标、终极价值动力，也能够通过它的遵行者而成为协调解决这些价值矛盾的最高协调者。毋庸置疑，共同幸福的这种终极性质的价值功能也证明了它确实是社会主义的终极价值，因而也是整个社会主义的灵魂之所在。

三、中国共产党的执政理念是追求共同富裕与共同幸福

凝练出关于社会主义核心价值观的基本概念，需要符合以下几点要求：要体现出马克思主义的基本价值取向，要体现社会主义的本质，要与中国共产党的执政理念一致，要凝结中国的优秀文化传统，要在现实角度上获得中国最广大人民的普遍认同，同时还要考虑到与资本主义核心价值观以及“普世价值”观的本质区别。而从中国共产党自身的性质、宗旨和历史使命等角度对社会主义核心价值观进行总结，可以涵盖其他几个方面的基本要求，能够鲜明地体现出价值立场和价值取向，并使之具有主体性和现实性。经过比较论证分析，我们认为共同富裕和共同幸福两个概念可作为社会主义核心价值观念最凝练和最简洁的表述。

（一）全体人民的共同富裕与共产党为人民服务的宗旨是统一的

共产党人以全心全意为人民服务作为自己的根本宗旨，而共同富裕不仅是马克思主义和社会主义追求的目标，更与共产党人的这一宗旨紧密相关。毛泽东同志曾说，中国社会主义的价值观，就是领导人民推翻三座大山，“领导农

民走社会主义道路，使农民群众共同富裕起来，穷的要富裕，所有农民都要富裕”。他认为，“富裕和社会主义是一枚硬币的两面”。邓小平同志也深刻指出：“社会主义的目的就是要全国人民共同富裕，不是两极分化。如果我们的政策导致两极分化，我们就失败了。”以胡锦涛同志为总书记的新一届党中央领导集体提出全面、协调、可持续的科学发展观，在强调经济社会又快又好地持续发展的同时，突出强调了要坚持以人为本，把改善人民生活作为发展经济的出发点和归宿，使全体人民共享改革发展的成果，过上更加宽裕的小康生活。这就使“民富”与“国强”之间的关系更加协调。要实现共同富裕的价值目标，必须解放生产力，发展生产力，消灭剥削，消除两极分化。坚持以公有制为主体，走共同富裕的道路，是社会主义集体主义价值观的本质要求，是发展社会主义经济、实现社会主义现代化、建设中国特色社会主义必须坚持的价值原则，是全国各族人民的必然选择和共同心愿。

（二）全体人民的共同幸福与共产党人执政为民的价值理念是统一的

共同富裕作为社会主义核心价值观的初级位阶概念，是中国共产党执政所要完成的基本的“物化”目标。整个社会主义阶段，光有“共同富裕”作为社会主义核心价值观是不全面、不平衡的，还应包括物质经济指标之外的政治民主、社会和谐、公平正义、人与自然的和睦等综合指标的涵盖和凝结，作为对基础指标的提升，亦作为执政党完成社会主义阶段任务向共产主义迈进“提升式”的目标指引。因此，共同富裕基础上的全社会成员的共同幸福，理应成为执政的中国共产党通过其政治作为一直追求并要最终实现的价值目标。

胡锦涛在十七大报告中明确指出：“我们党自诞生之日起就勇敢担当起带领中国人民创造幸福生活、实现中华民族伟大复兴的历史使命。”

中国特色社会主义包含一系列先进的发展理念：以人为本的价值理念、全面发展的整体理念、协调发展的和谐理念。其中，以人为本的价值理念在核心价值层面上体现了中国特色社会主义“发展为了人民，发展依靠人民，发展成果由人民共享，关注人的价值、权益和自由，关注人的生活质量、发展潜能和幸福指数”。实现人民共同幸福是以人为本的社会主义核心价值观的深化和重要创新点，反映了社会主义的核心价值追求和本质所在。具体来说，社会主义的最终目的是实现共同富裕，其实质就是实现人民普遍幸福和人民共享幸福。在任何社会，社会生产力发展水平不仅决定该社会物质财富的拥有状况，而且制约着社会经济权利与其他权利的实现，制约着国民幸福实现的程度。因此，要通过解放生产力和发展生产力，不断增加社会财富的总量，为实现人民幸福创造必要的物质基础；通过巩固和完善以公有制和按劳分配为主体的社会主义基本经济制度，进而消灭剥削，消除两极分化，铲除社会不公正和不公平现象，确保人民享有基本生存权益，为实现人民幸福提供重要的制度前提。从这个意义上说，引导人民追求幸福、依靠人民共创幸福、实现人民共享幸福，是中国特色社会主义理论体系的内核，是中国特色社会主义发展道路的核心，是中国特色社会主义制度的灵魂，也是中国共产党社会建设理念所要实现的最终目标。

（三）共同富裕与共同幸福是中国梦的核心与精神实质

每一个时代，都有一种主流价值观，每一个国家，都有自己的梦想。在改革开放深入推进的今天，在中国与世界频繁互动、紧密交融的背景下，实现中国梦业已成为我们共同的期盼和最大的理想。中国梦不仅仅是理想、是目标，也是具体的、实实在在的梦。从国家层面讲，中国梦是国家富强、民族复兴之梦；从个体层面讲，中国梦是人民生活富裕、生活幸福之梦。中国梦与人民梦是紧密相连、相辅相成的。但归根到底，中国梦就是人民的共富梦、幸福梦。

1. “共同富裕、共同幸福”是中国梦的核心内容

中华民族具有5000多年连绵不断的文明历史，创造了博大精深的中华文化，为人类文明进步作出了不可磨灭的贡献。经过几千年的沧桑岁月，直到今天依然把中华民族紧紧凝聚在一起的，不仅是一种统一的“现代地理国家”意识，更是一种共同的民族精神，以及一种共同坚守的理想信念、一个伟大的中国梦想。2012年11月29日，习近平同志在参观《复兴之路》展览时，首次表述了其对“中国梦”的看法。他指出：“实现中华民族的伟大复兴就是中华民族近代最伟大的中国梦。因为这个梦想寄托了几代中国人的夙愿，它体现了中华民族和中国人民的整体利益，它是每一个中华儿女的共同期盼。”随后，在十二届全国人大一次

会议的讲话中，习近平同志对“中国梦”作了更系统的阐述：“实现全面建成小康社会，建成富强民主文明和谐的社会主义现代化国家的奋斗目标，实现中华民族伟大复兴的中国梦，就是要实现国家富强，民族振兴，人民幸福，既深深体现了今天中国人的理想，也深深反映了我们先人们不懈追求进步的光荣传统。”中国梦不是一种空洞而模糊的愿景，它有着非常具体而现实的目标内容：“它凝聚着亿万人民对美好生活的期盼，期盼有更好的教育，更稳定的工作，更满意的收入，更可靠的社会保障，更高水平的医疗卫生服务，更舒适的居住条件，更优美的环境，更高质量的教育。”不难看出，“国家富强”“民族振兴”和“人民幸福”是构成中国梦的核心概念。这三者之间既不是空间上的并列关系，也不是时间上的相继关系，而是一种“三位一体”的统一关系。国家不富强，民族不振兴，人民不会有真正的、深沉的幸福；反之，人民幸福的国家才是一个真正富强的国家，具有幸福感的民族才是一个真正振兴的民族。因为，幸福的实质就是一种满足感，一种有尊严的人生体验。“国家富强、民族振兴、人民幸福”标示了一种根本性的价值目标，其实质就是要实现“共同富裕，共同幸福”。“国家富强”与“人民富裕”之间也是一种相互依存的关系，民富才能国强，民富是国强的内生动力，没有人民的“共同富裕”，国家的强盛和发展不可持续；反之，没有国家的富强，人民的共同富裕则缺乏最基本的前提条件和最根本的安全保障。而“人民幸福”也只不过是“共同幸福”的另一种表述方式，“人民”本身就意味着绝大多数人，意味着全体。可见，实现“共同富裕、共同幸福”是中国梦的核心内容。

2. 共同富裕是中国梦的价值追求和价值归宿

就中国梦的价值追求而言，共同富裕是科学社会主义的根本价值诉求之一，更是中华民族朴素而不懈追求的伟大梦想。自从中国进入阶级社会以来，无数仁人志士和劳苦大众无不梦想建立一个人人平等、共同富裕的美好社会，从“权有无，均贫富”的圣王治世之道，到“有田同耕，有饭同食，有衣同穿，有钱同使，无处不均匀，无人不饱暖”的草民流梦，从孔子的“天下大同”到三民主义崇尚“博爱”的“天下为公”，无不体现着中华民族代以袭之的共富梦想。中国共产党人诞生伊始，就以实现共同富裕为根本的价值取向和价值追求，并为之进行了艰苦卓绝的斗争和不懈的努力。新中国成立后，人民民主政权在全国范围的建立和巩固，为“共同富裕”的实现提供了条件、奠定了基础。随着改革开放的推进和中国经济的飞速发展，“共同富裕”的中国梦第一次不再那么遥不可及。

早在新中国成立初期，毛泽东主席就曾庄严宣告：“我们建设社会主义的目的，就是要大家有事做，有饭吃，大家共同富裕。”邓小平同志也多次强调：“社会主义的目的就是要全国人民共同富裕”“社会主义最大的优越性就是共同富裕，这是体现社会主义本质的一个东西”。为此他还提出了实现共同富裕的“两步走”路线图。江泽民总书记在总结国内外经验的基础上也深刻指出：“我们搞社会主义，是要解放和发展生产力，消灭剥削和贫穷，最终实现全体人民共同富裕。”胡锦涛总书记在十八大报告中更是旗帜鲜明地提出：“共同富裕是中国特色社会主义的根本原则。要坚持社会主义基本经济制度和分配制度，调整国民收入分配格局，加大再分配调节力度，着力解决收入分配差距较大问题，使发展成果更多更公平惠及全体人民，朝着共同富裕方向稳步前进。”习近平总书记在十八届中央政治局常委与中外记者见面会上强调：“我们的责任，就是要团结带领全党全国各族人民，继续解放思想，坚持改革开放，不断解放和发展社会生产力，努力解决群众的生产生活困难，坚定不移走共同富裕的道路。”总之，中华民族自进入文明时代以来，特别是中国共产党创建、新中国成立和改革开放以来，无不以共同富裕为伟大梦想。在当代中国，中华民族的梦、中国的梦，归根结底就是中国人民的“共富梦”。“共同富裕”不仅是社会主义的旗帜，是中国社会稳定、长治久安的政治保障，也是中国梦的精神实质，是实现中国梦不可缺少的重要一极。

同时，共同幸福又是中国梦的价值归宿。著名哲学家休谟有句名言：一切人类努力的伟大目标在于获得幸福。今天中国梦的终极价值目标就是实现人民幸福。人民幸福不仅仅是中国共产党人孜孜以求的政治理想，是社会主义的核心价值和根本目标，更是中华民族伟大复兴的终极价值追求。

一方面，中国梦的实现依赖于人民幸福的实现。人民群众是社会实践的主体，是创造社会历史的决定力量，也是中华民族的主体和中国梦实现的根本力量。只有尊重人民群众的主体地位，让人民群众充分享有经济社会发展的物质成果和精神成果，才能充分发挥人民群众的积极性、主动性和创造性。只有以人民的幸福为本，着眼于人民现实的权利主张、利益需求和普遍愿望，才能促使人民群众共同参与、同心同德共筑中国梦。一句话，离开为了人民幸福这一终极目标，中国梦就失去了牢固的根基。另一方面，人民幸福的实现也取决于中国梦的实现。人是具有自然和社会双重属性的主体，人的社会属性决定了人的幸福不能离开集体而独立存在。集体幸福是个人幸福的基础。唯有将个人幸福之梦、人民幸福之梦寄托于国家富强之梦、民族复兴之梦，梦想才有成真的可能。没有国家、民族的强盛，人民的幸福也无从谈起。正所谓“国家好，民族好，大家才会好”。所以，中国梦不仅仅是中国人民的共富梦，更是中国人民的幸福梦。诚然，一部分人的幸福不能构成整个“中国梦”，要让“中国梦”照进每个角落、惠及亿万人民，就要以民为本，顺应民心，尊重民意，凝聚民智，让人民群众过上美好幸福生活。只有这样，国家富强才有精神寄托，民族复兴才有根本希望。

“共同富裕”“共同幸福”是实现中华民族伟大复兴的价值愿景。这个价值愿景是对中国古代盛世文明价值所曾达到的历史高度的总体性超越，也是对现代资本主义文明价值的历史性超越。这个具有划时代意义的价值愿景，对推动社会全面进步、开拓民族复兴伟业产生着深刻影响。

（四）“共同富裕”“共同幸福”体现中国梦的本质特色

“中国梦”有着自身的本质特色，它既不同于“美国梦”，也不同于“欧洲梦”。如果说美国梦是“少数强者的梦”，欧洲梦是“中产阶级的梦”，那么中国梦就是“人民的梦”。如果说中国梦与欧洲梦在认同多元性、追求适度的自由等方面尚存在一些契合之处的话，那么中国梦与美国梦则是存在本质性的差异。美国梦的核心内容就是“每一个人都拥有不受限制的机遇来追求财富、积累财富”。在美国梦的追求中，私有财产被看作通向个人自由的通行证，一个人拥有的财产越多，就越能具备自主权和流动性，也越不臣服于环境，个人就愈加独立自由。在美国人的观念中，财产具有明显的排他性，财产是自我与他者之间的边界。个人主义、自由主义、实用主义构成了美国梦的基本原则。

简言之，美国梦的核心理念就是“追求个人利益最大化”。单从逻辑上看，美国梦就不可能是一个普遍有效的梦，它只能是“某些人”的梦，而不可能是“所有人”的梦。美国梦的实现必然要以他人梦的破灭为条件。因而从本质上讲，美国梦不是一个为世界准备的梦，而是一种帝国梦，一种只会导致世界冲突和分裂的梦。与追求个人自由无限扩张的美国梦不同，中国梦是一种富有同情心和更具有包容性的梦。胡适曾言：“包容比自由更重要。”中国梦所追求的根本性目标绝不是个人利益的最大化，或者说绝不是对私有财产的无限占有、最终实现建立在多数人遭受奴役之上的少数人的自由。与此相反，它所追求的根本性目标是要最终实现对私有财产的扬弃，消灭剥削和奴役，建立一个“共同富裕，共同幸福”的理想社会。这样一种梦想体现了中国传统文化、社会主义文化与资本主义文化的本质性差异。也就是说，中国传统思想更加关注的是事物间的相互关系、相互影响、万物的和谐，而非只注意孤立的现象。马克思对于人的本质的定义也体现了同样的思维方式。马克思指出，人的本质并不是某种抽象物，而是一切社会关系的总和。以个人主义为核心的美国梦正是建立在对于人的本质的错误理解基础之上的。把人理解为单个人固有的抽象物，理解为原子式的个人，那么必然会把他人发展的空间视为自身发展的界限，而不会将每个人的自由发展视为一切人的自由发展的条件。崇尚个人主义、崇拜私有财产的社会，始终都只会是一个人们普遍处于异化状态的社会。以此为目标的梦对于绝大多数人而言，终归是一场噩梦。而以建立一个“共同富裕，共同幸福”的理想社会为目标的中国梦则是建构在对人的本质的正确理解之上的美好梦想，它不是一种排他性的梦，而是一种追求人类真正获得自由解放的梦。以“共同富裕，共同幸福”为核心内容的中国梦的实现，既不以牺牲他国的利益为条件，也不以牺牲自然环境为代价，它所追求的最终目标是要实现“人类同自然的和解及人类本身的和解”[①]，建成一个和谐的世界。“中国梦”不仅属于中国，也属于世界。

---

① 马克思，恩格斯：《马克思恩格斯全集》第一卷，人民出版社 1956 年版，第 603 页。

四、以共同富裕和共同幸福为主线进一步凝练社会主义核心价值观具有重要的实践意义

第一，对于人类而言，先进的社会主义核心价值观是人类持续发展着的价值观的集大成者，它作为人类主体意识发展最高水平的重要标志，起着引导人们走向文明、摆脱蒙昧、避免倒退的价值导向作用。

第二，对于中华民族而言，体现了群体价值追求共同性的先进价值观能够对群体起着向内的认同、凝聚和向外的甄别、排斥的强大作用，先进的社会主义核心价值观团结海内外中华民族为实现中华崛起、建设社会主义小康社会与和谐社会而共同努力，推动构筑永续有效而又具深度的民族文化认同感，巩固多民族国家的统一，形成持续而又具强大感召力的文化软实力，从而赢得世界广泛的理解和尊重。

同时，社会主义核心价值观是全党和全国人民共同追寻的目标和高举的旗帜，是社会主义法制国家制定法律的法理依据，是国家政策制定的出发点和落脚点，是全体公民的道德规范和道德准绳。

第三，对于当代中国社会而言，体现了与人类文明发展和社会进步方向相一致的先进阶级或社会集团的利益和要求的价值观构成了先进社会意识的核心内容，依其进步程度大小，对社会进步起着或大或小的推进作用；而体现了某些腐朽、没落、反动的阶级或社会集团的利益和要求的价值观则对社会进步起着阻碍作用。当前先进的社会主义核心价值观对促进中国社会进步起着巨大推动作用。社会主义核心价值观是实现社会主义价值目标的思想保证和行动指南。也就是只有按社会主义核心价值观去做，才能实现社会主义的价值目标。如果不清楚什么是社会主义核心价值观，那就不可能建成真正的社会主义。

社会核心价值观，起着统率社会价值理念、社会价值尺度的核心和灵魂的作用。具体来说，社会核心价值观必然是国家的、社会的、民众的价值理念、价值尺度；必然涵盖政治、经济、文化、道德的所有层面；必然体现在国家的制度、方针、政策、法律的所有规范中。由于价值观是对实践起驱动、导向和制约作用的精神因素，因此某种先进的价值观一旦形成就会成为群众实践的精

神动力，成为影响社会发展的重要力量。

第四，对执政党和政府而言，社会主义核心价值观是党和政府掌握方向、制定政策的出发点和落脚点，是对“三个有利于”标准、“群众满意不满意”尺度的简约化、明了化，是社会主义民主、法制建设的总体规划和主体框架。总之，中国共产党多年的执政经验，尤其是领导改革开放的经验都告诉我们：社会主义核心价值观是检验和审视党和政府各项政策是否正确的第一标准和尺度。

第五，对于个人而言，先进的社会主义核心价值观作为对人的主体尺度、利益和要求的正确反映，在社会生活中具有重要的行为规范作用。其实理想、人生观、科学观、道德观、审美观等价值观的各种表现形式都是在实践中起着推动、引导、制约人们朝有利于自身发展、利益实现、避开不利的方向运动的作用的，因此，其本质上既是一种实践的目标体系，又是一种行为、活动的规范体系。

第二章

思想初探与思想星火

- 习近平传统文化观的多维解读
- 人类命运共同体对新全球化理念与模式的构建
- 实施生态立市战略，建设生命共同体
- 乡村文化振兴的困境与策略研究
- 浅析习近平对中国传统文化的创新性发展
- “一带一路”背景下坚定文化自信的时代价值与路径研究
- 浅析习近平新时代中国特色外交思想的理论渊源
- 打好扶贫攻坚战，决胜全面小康
- “四个坚持”为文艺创作指引方向
- 新发展理念与中国现代性话语

习近平传统文化观的多维解读①

十八大以来，四个自信振奋祖国大地，文化自信凝聚中华力量。习近平总书记对传统文化的独到见解，是运用辩证唯物史观的客观的科学的分析方法，这是中国马克思主义成就的基本跟进，是对中国特色社会主义传统文化的正确思考。中华优秀传统文化是源头之水、树木之根，断不可忘记养育世世代代中华人民的精神食粮。

一、批判之维

中华文明的历史悠久，中国传统文化源远流长。习近平总书记说：“在世界上几大古老的文明中，中华文明是唯一一个没有被打断并持续到今天的文明。老子、孔子、墨子和其他思想家提出了许多想法，孝悌忠信、礼义廉耻、仁者爱人、与人为善、天人合一、道法自然、自强不息等，至今仍然深深影响着中国人的生活。”对传统文化的批判继承，从本质上，要做到取其精华、去其糟粕，以使优秀传统文化延绵至今，糟粕传统文化能够被舍弃。近代以来，西方文化悄然无息地进入中国，多少人在思想上左右分歧，摇摆不定，但经过时间的磨砺，聪明的中国人选择了先进的马克思主义思想文化。马克思主义在中国表现出强大的生命力，在中国表现出马克思主义的大发展。中国式马克思主义的形成正确地指导着中国的现代革命、建设和改革，促进发展的外来文化吸收，使消极的外来文化得到坚决抵制。习近平总书记的传统文化观，有益于奠定华夏儿女的幸福根基，有益于把握中国人民的精神命脉，有益于实现中华民族的复兴之梦。

① 作者：蔡文玉，燕山大学马克思主义学院硕士研究生。此文发表于《法制博览》2019年第11期，题目为《习近平传统文化观的多维解读》，收录时略有改动。

二、传承之维

从古代到近代再到现代，中华优秀传统文化生生不息，我们遵循着古人之大智，追寻着近现代人之大慧。习近平总书记说：“中华文明源远流长，体现了中华民族的宝贵精神品质，培养了中华民族的崇高追求，努力实现自强不息的道德建设。”支持中华民族的生命繁荣，今天仍然是我们推进改革开放和社会主义现代化的强大精神动力。古有“天下兴亡，匹夫有责”“修身，齐家，治国，平天下”的爱国理念，“苟日新，日日新，又日新”“穷则变，变则通，通则久”的革新理念，今有内涵丰富的民族精神和时代精神；古有历朝历代保留至今的优秀物质文化遗产，今天，中国特色社会主义诞生了物质文化的新时代，是中国优秀传统文化的延续和升华。传承传统文化，延续民族文化血脉，中国人民勤劳勇敢、爱好和平、团结共进等优秀品质，面对重大自然灾害和困难所凝聚的民族信念，古代和现代对物质和精神本质的继承，是中华民族屹立于世界民族之林的基础。歌颂民族精神，跨越历史的鸿沟，不断将新鲜的共生血液加入其中，使优秀民族文化的巨轮驶过便留下深深的轨迹，人民才有所感、有所悟、有所为。继承中华优秀传统文化是新时期中国特色社会主义建设和改革开放的精神动力，是现代中国人不忘初心、牢记使命的心灵寄托，是中华民族潜移默化的文化自信。

三、创新之维

不忘本来，开创未来。创新传统文化，不是泛泛之说。习近平总书记说：“努力实现传统文化的创造性转化、创新性发展。”新时代的发展可谓日新月异，在本来的基础上，深入地挖掘和阐释中华传统文化，开发出适合现代人思维的传承手段，要实现创造性转化，要勇于突破，要找到文化人的创新方式，才能发展。在习近平总书记的一般文化的领导下，文化产业蓬勃发展，文化产品深深扎根于人民心中。在经历信息时代快速变化时，中国优秀的传统文化体现了其稳定与进步。仍处于不断变化的格局中，是中国人民精神支柱的坚定支持。历史的前进诉说一个国家要实现发展和壮大，必不可关起门来自己搞建设，而是要打开国门，融入世界发展氛围，交朋友，学知识，长见识，以面向世界的勇气，让中国优秀传统文化发扬新思想和创新性新观点“走出去”，与世界各种文化进行交流碰撞，这样才能兼收并蓄、有所创新；将别国优秀先进的文化“引进来”，所谓“一花独放不是春，百花齐放春满园”，对待外国文化以平等、开放、包容的态度，中国优秀传统文化具有这样的魄力和定力。

习近平总书记在孔子的家乡——曲阜发出声音，要大力弘扬中国传统文化，四个讲清楚凝聚人民共识。习近平总书记在多场国内外重要讲话中引用经典名句，讲述英雄故事，介绍中国文化，这是来自一个国家的文化自信，中国人享受这份文化滋养，外国人敬仰这种文化力量。加强中国特色社会主义文化建设，增强文化软实力，维护文化自信，是习近平总书记对传统文化继承和发展的坚定信心。习近平总书记对传统文化的继承和创新寄予厚望。

人类命运共同体对新全球化理念与模式的构建[①]

一、当前全球化进程中的困境

（一）经济利益格局复杂化

在全球经济复苏不确定性日益增加以及“逆全球化”浪潮的影响下，世界经济发展已经形成了不同的利益诉求。发达国家已成为全球化中的最大受益者，也在其中出现了问题。发达国家之间的关系在冷战时期是结盟关系，但随着利益分化，发达国家内部也在全球化过程中出现了一些新问题。在“二战”结束时，世界经济的发展由美国主导。但当今发展中国家和发达国家之间的关系发生了变化，世界各地逐步形成了多个发展中心。经济发展遇到了新的挑战和问题，不同利益诉求在逐渐形成，原有资本主义主导的路径已经不能更好地协调世界经济发展，全球经济发展呼唤新的治理机制。

（二）政治格局多极化

当今世界政治主体已经呈现出多样化的特点。不同的国家在选择自己发展道路方面拥有很强的自主性，发展中国家自主选择的意愿在增强，冲破资本主义道路的力量得到加强。与此同时，发达国家主导世界政治的能力有所下降，在美国和苏联的对抗过程中，美国可以很好地限制其阵营中的小国。当今，虽然发达国家在某些地区问题上有很强的主导意愿，但主导能力下降，在政治层面显示出多极化的发展，全球政治发展也呼唤一种新的治理模式。

（三）非传统安全问题日益凸显

世界面临着许多非传统安全方面的问题和挑战，如气候变暖、空气污染、水污染和其他环境问题。由于互联网的快速发展，网络安全问题突出，黑客袭

---

① 作者：曹晓玉，燕山大学马克思主义学院硕士研究生。此文发表于《法制博览》2019年第20期，题目为《人类命运共同体对新全球化理念与模式的构建》，收录时略有改动。

击问题备受关注，其成为国家之间互相攻击的问题之一。此外，恐怖袭击的问题趋于激烈，恐怖主义猖獗，使人民陷入战乱，流离失所。简言之，全球化发展带来的安全问题是多个方面的，有时甚至会以危机的方式挑战我们。在这种情况下，世界需要新的治理方案。

二、构建人类命运共同体——新全球化的中国方案

（一）构建互利性的新全球化理念与模式

互利性的新全球化理念与模式，即互惠互利、互利共赢，弘扬共同利益观，跳出狭隘国家利益观的藩篱，站在国际社会共同利益的视角下，以互惠互利模式构建共同体，应对当前经济发展中出现的各种利益诉求，实现互利性发展。

第一，寻求世界层面的最大公约数。“一国单独发展不会长久，各国携手共进会释放出更多的力量，保持持续发展的良好态势，国家间要树立双赢、共赢的新理念，在追求自身利益时兼顾他方利益，在寻求自身发展时促进共同发展。”[①] 这就是互利性特征的体现。习近平总书记指出：“这个世界，各国相互联系、相互依存的程度空前加深，人类生活在同一个地球村里，生活在历史和现实交汇的同一个时空里，越来越成为你中有我、我中有你的命运共同体。”各国之间的联系达到前所未有的程度，因此应在符合各国人民共同利益和长远利益的基础上寻求最大公约数，构建互利性全球理念与模式。

第二，提供优质的全球公共产品。解决当前全球面临的各种问题与挑战需要以优质的全球性公共产品为基础。“一带一路”是人类命运共同体的重要实现载体，是彰显中国智慧、中国力量的全球性公共产品，本着互利性原则，在促进本国经济发展的同时，为沿线各欠发达国家提供各种基础设施，实现本国与沿线各国的共同发展。“中国欢迎沿线国家和亚洲国家积极参与，也张开臂膀欢迎五大洲朋友共襄盛举，希望世界各国搭乘中国发展的‘快车’‘便车’。”[②] 中国将不断为世界贡献中国力量，支撑起全球发展的希望。

① 习近平：《携手构建合作共赢伙伴，共同打造人类命运共同体》，《人民日报》，2015 年 9 月 29 日第 2 版。

② 习近平：《迈向命运共同体，开创亚洲新未来》，《人民日报》，2015 年 3 月 29 日第 2 版。

（二）构建互鉴性的新全球化理念与模式

互鉴性的新全球化理念与模式，即尊重各国人民基于历史、文化传统所形成的政治体制价值观，尊重不同政治主体，倡导新型文明观，相互借鉴，求同存异，实现“各美其美，美美与共”。

第一，反思当前文明冲突。人类命运共同体，源于中华文明一以贯之的“天下”情怀，从“以和为贵”的和平思想，到“己所不欲，勿施于人”的处世之道。当前不同文化群体之间的交流越来越多，强势文化在坚持言论自由的借口下随意侵犯其他文化群体的信仰。美国哈佛大学著名学者亨廷顿曾提出了文明冲突理论，“今后国际间的冲突将主要在各大文明之间展开，这种异质文明之间的社会暴力、冲突不但持久而且难以调和”，他的预言似乎成了现实。要反思当前的文明冲突，以人类命运共同体的互鉴性特征构建新全球化理念与模式。

第二，加强不同文明间交流借鉴。人类命运共同体倡导和而不同、兼收并蓄、互鉴融合的文明交流观，秉承互鉴性的新全球化理念，“一带一路”作为人类命运共同体的重要实现载体，将充分发挥其文化交流的作用，促进沿线各国间的文化交流，形成一种互鉴性的新全球化理念与模式。英国哲学家罗素在其《中西文化比较》一文中认为：“在往昔，不同文化的接触曾是人类进步的路标。希腊曾经向埃及学习，罗马曾经向希腊学习，阿拉伯曾经向罗马帝国学习。中世纪的欧洲曾经向阿拉伯人学习，而文艺复兴时的欧洲曾经向拜占庭帝国学习。”可见，不同文化之间的学习和借鉴是促进文化进步的重要动力。

（三）构建可持续性的新全球化理念与模式

中国倡导构建人类命运共同体是站在全人类视角下解决全球环境问题，兼顾各国的共同利益，探索有利于人类可持续发展的治理路径和治理模式，积极构筑全球生态文明体系。

第一，推动各国主动承担责任义务。“人类只有一个地球，各国共处一个世界，我们是人类命运共同体。任何一个国家都不能脱离这个共同体而单独发展。人类命运共同体提倡国家不分大小、强弱、贫富，都是国际社会平等成员，理应平等参与决策、享受权利、履行义务。”[①]生态环境保护是各国的共同义务，危机面前我们不应该向他国转嫁危机而是应该携手共进，自觉履行生态环境保护的义务，实现可持续发展。人类命运共同体跳出了血缘、地缘的限制，从人类共同体利益的角度切入，对人类的可持续发展提出了建设性意见，在国际社会以一个负责任的大国形象积极承担国际责任，履行国际义务，推行可持续性的新全球化理念与模式。

第二，构建有机生态体。“人类命运共同体从生态有机体的整体利益出发，把人类发展与生态系统紧密结合起来，在保护生态系统的前提下推进人类发展，在人类发展的基础上建设生态系统，实现人类与生态的协调发展。”[②]面对日益严重的全球生态问题，任何国家都不应该也不能独善其身，对全球性生态问题，如果抱着功利主义的思维，希望多占点便宜、少承担点责任，最终将是损人不利己。应构建有机生态体，以人类命运共同体的互鉴性特征构建新全球化理念与模式。

---

① 张晓萌：《资本主义有反生态的一面——基于生态学马克思主义的视角》，《人民日报》，2015 年 3 月 16 日第 16 版。

② 习近平：《携手构建合作共赢新伙伴，共同打造人类命运共同体》，《人民日报》，2015 年 9 月 29 日第 2 版。

实施生态立市战略，建设生命共同体[①]

长期以来，由于人口基数的扩大和国土资源的开发，自然资源被大规模地开采利用而导致了一定程度上的破坏。近年来习近平总书记多次强调人与自然是一个和谐共生的生命共同体。因此，秦皇岛市一直树立和实践绿色发展的理念，坚持生态立市的发展战略，建设美丽港城。

一、生命共同体概念的提出和形成过程

面对资源约束趋紧、环境污染严重、生态系统退化的严重趋势，人类必须尊重自然、顺应自然、保护自然，走可持续发展道路。早在 2013 年，习近平总书记就曾经使用“生命共同体”概念来界定人与自然之间的关系，他在《关于〈中共中央关于全面深化改革若干重大问题的决定〉的说明》中指出：“我们要认识到，山水林田湖是一个生命共同体，人的命脉在田，田的命脉在水，水的命脉在山，山的命脉在土，土的命脉在树。”[②]而后，习近平总书记强调：“要把生态环境保护放在更加突出位置，像保护眼睛一样保护生态环境，像对待生命一样对待生态环境。”此外，他在另一次会议上还把上述命题进行了反推：“如果破坏了山、砍光了林，也就破坏了水，山就变成了秃山，水就变成了洪水，泥沙俱下，地就变成了没有养分的不毛之地，水土流失、沟壑纵横，这种状况持续下去最终受到牵连的就是人类自身。”[③]2017 年，习近平总书记在十九大报告中丰富了生命共同体的内涵，将“草”加入“山水林田湖”中：“要求我们像对待生命一样

① 作者：金萧，燕山大学马克思主义学院硕士研究生。此文发表于《法制博览》2019 年第 16 期，题目为《实施生态立市战略，建设生命共同体》，收录时略有改动。

② 习近平：《关于〈中共中央关于全面深化改革若干重大问题的决定〉的说明》，《人民日报》，2013 年 11 月 16 日第 1 版。

③ 成金华，尤喆：《“山水林田湖草是生命共同体”原则的科学内涵与实践路径》，《中国人口・资源与环境》，2019 年第 2 期，第 1-6 页。

来对待生态环境，统筹山水林田湖草系统的治理，建设人与自然统一的生命共同体。”① 生命共同体这一概念高度概括了人、生物与自然环境这三者之间的关系，它们之间具有整体性和内在统一性。

二、生命共同体与美丽港城的内在联系

十九大报告从建设人与自然生命共同体的角度对我国实现现代化的前景进行了描绘。报告认为我们要建设的现代化是人与自然和谐共生的现代化，良好的生态环境是经济、政治、社会、文化健康永续发展的前提和基础，是面向未来的核心竞争力。当前，“中国特色社会主义进入新时代，我国社会主要矛盾已经转化为人民日益增长的美好生活需要和不平衡不充分发展之间的矛盾”②，人民逐渐增长的美好生活需要不仅局限于对物质生活和精神生活的追求，还表现在对于美丽生态环境的无限追求。为了满足这些追求，就要加快构建人与自然生命共同体的步伐。建设人与自然之间的生命共同体，就要“加快生态文明体制改革，建设美丽中国”③。美丽中国是影响生态文明建设总体布局的一个重要因素，整体目标的实现要依赖于每一个局部目标的推进，建设美丽中国必然要求建设美丽港城。市委书记孟祥伟同志在中国共产党秦皇岛市十二大上提出建设沿海强市、美丽港城、国际化城市的奋斗目标，可以说，美丽港城建设完美契合建设生命共同体的总体目标。

三、实施生态立市战略，建设生命共同体

打造人与自然和谐共生的生命共同体就要全面实施生态立市战略，统筹生态保护与经济发展的关系。贯彻生态立市理念要以空气、水、土壤治理为重点，打好环境整治攻坚战。要坚持实施空气污染防治行动，深入开展“蓝天行动”。继续保持空气质量在河北省的领先地位，打造一个“天然氧吧”的城市；要继

① 习近平：《决胜全面建成小康社会 夺取新时代中国特色社会主义伟大胜利》，《人民日报》，2017 年 10 月 28 日第 1 版。

② 习近平：《决胜全面建成小康社会 夺取新时代中国特色社会主义伟大胜利》，《人民日报》，2017 年 10 月 28 日第 1 版。

③ 习近平：《决胜全面建成小康社会 夺取新时代中国特色社会主义伟大胜利》，《人民日报》，2017 年 10 月 28 日第 1 版。

续巩固“河长制”，有效治理非法排污、捕捞、养殖、采矿、侵占水域岸线等问题。动态管理水域岸线，推进生态环境的整体改善，像保护眼睛一样保护秦皇岛这一湾碧海；要扎实开展“净土行动”，把完善耕地土壤环境保护措施作为重中之重。2017 年秦皇岛创建国家森林城市终于成功，但是还要继续加大绿化力度，全力推行农村造林绿化，打造绿色秦皇岛、生态秦皇岛、美丽秦皇岛。

党的十九大闭幕不久，秦皇岛市创建全国文明城市成功的消息就在港城人民的朋友圈中广泛传播，振奋人心。借着创城成功的东风，美丽港城的建设蹄疾步稳，长城旅游公路连起一串美丽乡村的珍珠，向日葵花海并没有伴随着冬天的脚步在人民心中淡去，采暖季节即将褪去我们依然可以感受云淡风轻，这些成绩的取得来之不易，我们在今后应该倍加珍惜。

乡村文化振兴的困境与策略研究[①]

乡村社会的振兴需要塑造发展的核心和灵魂，而这个核心和灵魂就在于乡村文化。在乡村文化中，乡愁是一种带有特殊情感的文化，是背井离乡的人特有的符号，乡村社会的延续离不开乡村文化连接，乡村文化的振兴已成为乡村振兴的核心要素。

一、乡村文化振兴的困境

（一）乡村文化振兴的方向不够明确

乡村文化的振兴是乡村振兴的核心和灵魂，在建设美丽乡村时，要尊重历史记忆，对有景观价值和文化底蕴的旧民宅及古树名木等历史遗存应予以保留保护。现在大部分乡村在建设过程中存在“一刀切”的现象，没有注重乡村文化振兴与传统农耕文明的衔接，对乡村文化经济价值和社会价值的双重作用没有引起重视，甚至在很大程度上忽视了乡村的可持续发展，损害了村民的长远利益。

（二）乡村文化振兴的特色不够明显

俗话说：“十里不同风，百里不同俗。”在乡村文化形成过程中，由于地理位置、社会环境、资源禀赋和传承方式的不同，乡村文化各具特色。推动乡村文化的振兴和建设要切实遵循因地制宜、精准施策的方针，同时也要紧紧依托农村绿水青山、田园风光的自然优势，大力发展休闲农业、观光农业，满足游客体验等需求，拓宽农民增收渠道，打造乡村旅游品牌，提升发展质量和效益。只有这样，才能做到乡村文化长久繁荣，筑牢乡村文化自信基石，助推乡村振兴发展[②]。

① 作者：刘东锋，燕山大学马克思主义学院硕士研究生。此文发表于《文化产业》2018年第7期，题目为《乡村文化振兴的困境与策略研究》收录时略有改动。

② 沈一兵：《乡村振兴中的文化危机及其文化自信的重构——基于文化社会学的视角》，《学术界》，2018年第10期，第56-66页。

（三）乡村文化振兴的人才难以留住

乡村人才流失是乡村振兴的难题，从另一方面来说，乡村相对落后的现实状况恰好为广大有志青年提供了广阔的发展空间。乡村振兴离不开乡村文化的支撑和繁荣，离不开高素质的乡村文化建设队伍。乡村文化的内涵在历史发展过程中得到进一步丰富，当前乡村文明建设要立足于乡村文化的保护与传承，积极吸收各种优秀的文化成果，不断赋予其新的内涵。

（四）乡村文化振兴资源较分散

乡村地貌广大，潜藏着形式多样的文化资源，是乡村文化建设的重要依托。将挖掘乡村丰富的文化资源作为首要任务，把合理开发和利用作为乡村文化建设的重中之重，才能实现乡村文化的大发展大繁荣，推动乡村政治、经济、社会、文化协调发展。同时，乡村振兴是一项系统而又复杂的工程，既要注重其“塑形”的骨架，更要加深其“铸魂”的内涵， 在加速发展物质文明的基础上，实现精神文明建设的协调发展，推动乡村建设的全面进步。乡村文化资源的分布没有明确的规则，也没有自成体系，需要进行全面而深入的调查，并分类进行整理，登记造册，运用数字化保存。现实状况是众多分散的资源增加了整合和调查的难度，这也成为乡村文化振兴的难点之一。

二、乡村文化振兴的策略

（一）明确乡村文化振兴发展的方向，推动乡村文化与各产业融合力度

首先，与传统农业融合。深入发掘传统农耕中的文化基因，创造乡村新产业。农耕文化蕴含了深厚的精神文化价值，发挥乡村其他产业的带动提升作用、提高相关产业的文化附加值是振兴乡村的必由之路。其次，与传统服务业融合。随着农民增收，农村变富，乡村文化的内容和服务成为极具吸引力的产品，要积极促进乡村文化与旅游、教育培训、休闲娱乐等行业的协调发展与融合，开拓新的价值增长空间。再次，与乡村文化产业之间渗透融合，实现乡村文化产业与乡村文化事业的融合。乡村文化产业与乡村文化事业密不可分，乡村文化产业要立足于乡村文化事业的发展需求之上，瞄准文化市场变化，适应全社会文化消费发展趋势。

（二）厘清历史发展脉络，重构乡村文化内质的鲜明特色

乡村文化是中华优秀传统文化的发源地，是中华文化的重要组成部分。“文化振兴是乡村振兴的重要方面，中国乡村振兴离不开乡村文化振兴。”[①]能够流传至今的乡村文化，都是经过代代传承、去粗存精、向上向善的优秀文化。发展乡村文化产业，就是要乡村文化回归，延续历史文脉。

一是继承创新，挖掘文化资源价值。乡村文化资源具有经济价值和文化价值，发展乡村文化产业不但要注意挖掘其经济价值，更要把握其文化价值，且文化价值的挖掘和发展在促进经济价值方面的作用不可估量。二是兼容并包，自然与人文并行。把生态文明的理念贯穿于乡村文化产业发展的全过程，积极妥善处理好生产、生态与资源开发利用的关系，实现乡村“绿化”“美化”的目标。三是在发展乡村振兴过程中，坚持文化导向，通过文化渗透实现乡村文化产业与生态文明建设，实现乡村永续发展。四是尊重传统，面向未来。当地管理部门要有意识地对富有地域文化特色的民俗风情进行现代化改造。吸收传统民俗文化中科学有益的养料，耐心挖掘乡村文化，用心打造乡村文化，精心丰富乡村文化。

（三）加大乡村建设的投入力度，完善乡村文化建设人才体系

首先，加大对农村建设的投入力度。由于地理位置等客观因素的影响，极大地限制了农村当地的农业发展，而落后的经济条件使大量青年才俊流出。要在改善基础设施的情况下，加大对人才的补偿力度，使得能干肯干实干的人才留在农村，这是实现乡村振兴的第一步。其次，支持和鼓励农民工返乡就业创业。城市化进程中付出艰辛劳动的农民工，在视野和技术等方面都有很大的提升，各级政府要出台相关的政策文件，引导这部分农民工回乡就业创业，为农村的发展贡献力量。再次，选派第一书记、大学生村官到农村工作。乡村振兴工作任重而道远，第一书记的责任重大，工作繁忙，如何有效调动广大农民参与乡村振兴，是第一书记和大学生村官的首要任务，只有深入农户，集中民智，

① 陈波：《公共文化空间弱化：乡村文化振兴的“软肋”》，《人民论坛》，2018 年第 21 期，第 124-127 页。

倾听民声，才能更好地推动乡村文化振兴走向实处。

（四）整合文化资源，构建乡村文化建设立体网络

中国特色社会主义进入新时代，在新的历史时期，社会各方面都要有新理念、新气象、新作为。在党的十九大精神的指引下，推进乡村文化建设步伐提质增速，探索乡村文化振兴的策略，既是一种挑战，也是一项重大责任，这也已成为影响我国乡村振兴战略可持续发展的重大议题。提高公共文化服务的质量，不断改善人民的生存文化环境，满足农村居民的精神文化需求，是乡村文化振兴的目的。要实现这一目标，就需要在提升农村文化创新能力等方面下功夫。因此，在乡村文化振兴过程中，要坚持以人民为中心的发展理念，纠正重物不重人、重量不重质、重经济不重文化的单向度方式。各级政府必须统观乡村振兴战略全局，在优先发展上想问题，在融合发展上出思路，在注重思想理念和顶层设计方面下功夫，在组织保障和资金投入方面严把关，有效调动政府、社会组织、村庄和农民等各方面的力量，激发与发挥各方面的活力。

浅析习近平对中国传统文化的创新性发展①

“创造性转化、创新性发展”作为习近平多次讲话中反复强调的重点，也可看作是我们党对待传统文化一以贯之的态度。自十八大以来，习近平就中国传统文化的继承发展做出了许多努力，中国传统文化也因此得以走进群众日常甚至于走出国门被全世界认可。明确习近平创新发展中国传统文化的方法，分析其特征，才能在未来以新的形式继续创新展现中国传统文化的价值。

一、习近平对中国传统文化进行创新性发展的方法

第一，以马克思主义为指导。推进马克思主义中国化与继承发展中国传统文化密不可分，这是中国共产党的经验总结。要使马克思主义在全社会确立指导地位，必然要从中国传统文化中汲取营养。习近平面向新时代提出了我国文化发展要坚持马克思主义指导的总思路，既指明了我国创新发展中国传统文化所具有的独特优势，又进一步明确了创新发展中国传统文化的具体要求。

第二，以实践为依托继承创新。习近平对中国传统文化的创新性发展是面向中国当代现实情况所作出的决定，充分考虑了人民需求变化，通过让文物活起来、让文化遗产活起来等一系列的具体措施让人们细致了解中华文化的魅力。依托具体的改革实践，依靠人民群众的力量，具体地使创新观念扎根群众之中。

第三，尊重传统科学继承。习近平总书记秉持了中国共产党一脉相承的对待传统文化的批判创新的态度，在充分尊重中国传统文化的前提下运用辩证的思维方式对中国传统文化加以继承发展。从他对于文化的重视程度以及对中国传统文化的提及程度，可以明显看出习近平对中国传统文化的尊重。如同他所言，抛弃传统、丢掉根本，就等于割断了自己的精神命脉。对于这份珍贵的、来之

① 作者：马丽君，燕山大学马克思主义学院硕士研究生。此文发表于《法制博览》2019年第20期，题目为《浅析习近平对中国传统文化的创新性发展》，收录时略有改动。

不易的历史遗产，习近平同历届领导人一样给予了科学的尊重和谨慎的继承。

第四，在对外交流中实现创新发展。在全球化的大潮中，习近平应势而变，将“一带一路”“人类命运共同体”带到国际舞台上，这样鲜明的中国特色使得中国传统文化走入国际视野中，在对外交流不可避免的情况下，文化既要保持自身的民族特色，又要拥有面向世界的独特魅力，习近平通过这些新表述率先做了典范。在继承发展中国传统文化的过程中融汇世界文化精华并不是一个两难问题，恰恰相反，这正是继承发展中国传统文化的题中之义。

二、习近平对中国传统文化进行创新性发展的特点

第一，时代性。中国共产党自诞生以来就面临着对中国传统文化的继承与发展，在继承和发展这个问题上，习近平与我党历届领导人坚持着同样的观点，体现了中国共产党对中华民族几千年文化传承的使命感。中国传统文化作为中华文化的重要源头，因其特殊的时代传承性能够做到因时而变，在今天依然散发着独特的时代魅力。习近平正是从时代条件出发看待中国传统文化的传承，才提出了一系列创新观点并取得了实效性成果。

第二，继承性。习近平所提出的一系列创新理论以及党的相关指导思想与中国传统文化中的精神内核始终是相一致的。党的理论创新从中国传统文化中找寻答案，又开启了中国传统文化创新发展的新路子。习近平针对中国传统文化继承发展的一系列重要讲话精神也同中国传统文化自身发展的规律相一致。

第三，民族性。习近平在强调中国传统文化当代价值的同时多次强调中国传统文化是我国的独特优势。习近平在讲话中指出“只有坚持从历史走向未来，从延续民族文化血脉中开拓前进，我们才能做好今天的事业”。相比于强调中国传统文化的时代性，在越来越开放的国际交流中，习近平愈发强调要“坚守中华文化立场”，要坚持文化的民族主体性，并且通过在国际宣传“人类命运共同体”进一步将中华民族文化推向世界。

三、对中国传统文化的创造性转化与创新性发展的趋势

不忘历史才能开辟未来，善于继承才能善于创新。未来党对中国传统文化

的创新发展首先需要对传统文化在内容及实践上加以创新，使得马克思主义能够更好地适应并引领中国文化发展，具体来讲，就是要结合群众的传统情怀和时代接受的实际，从对现实社会现状的真实解释出发，真正做到用传统精神为人民“立言”，切实引起人们情感上的共鸣共通，增强中国文化的感召力。在坚持正确对待中国传统文化原则的基础上主动引导人们理解“新概念”。积极用创新的、融入改革实践中的中国传统文化精神激励群众。其次，伴随着改革开放的深入，中国传统文化的创新发展必然受到世界文化的影响，因此在与时俱进的创新发展中要坚持中国本色就显得迫切而艰难。具体而言，一方面要紧跟潮流对其他文明优秀成果加以吸收，另一方面要引领潮流为世界提供对待历史传统的另一种思路。

“一带一路”背景下坚定文化自信的时代价值与路径研究[①]

“一带一路”倡议为我国提供了多边合作的倡议契机，是我国开展对外开放的升级版，更是我国发展成为现代化强国的重要途径。它将通过区域合作平台与沿线国家建立经济合作关系，打造互利共赢的利益共同体和互相包容的命运共同体。随着“一带一路”建设的不断推进，我国与沿线国家的文化交流愈加频繁，在社会经济飞速发展的同时更要树立文化自信，提高中华文化的国际影响力，才能与沿线国家建立经久不衰的合作关系。

一、“一带一路”背景下坚定文化自信的时代价值

（一）有利于促进文化交流，推动沿线各国共享文明成果

“一带一路”倡议的提出和落实搭起中国与沿线国家文化交流的桥梁，使两千多年前古老的丝绸之路焕发出新的活力，正是我国坚定文化自信的体现。只有加强文化上的交流与互动，才能促进国家之间的理解与信任。以求同存异的原则面对不同国家在政治、经济、文化各方面的巨大差异，才能消除疑虑和误解，使沿线各国共同分享文明发展成果。截至 2018 年 5 月，中国和共建“一带一路”国家联合开展的科研项目由 2013 年的 13 个增加到 25 个。合作领域涉及农业、能源、交通、生态环境、海洋等多个领域。目前“一带一路”旅游成为世界旅游的新增长点，中国和共建“一带一路”国家双向旅游交流超过 6000 万人次。我国和 29 个共建“一带一路”国家实现了公民免签或者落地签，范围扩展到西亚。五年多来，通过举办文物展览、传统文化节目、电影、文学、新闻出版等多项活动，各国间增强相互了解，共同发展，形成“一带一路”沿线

① 作者：王炜炜，燕山大学马克思主义学院硕士研究生。此文发表于《现代交际》2019 年第 9 期，题目为《“一带一路”背景下坚定文化自信的时代价值与路径研究》，收录时略有改动。

文化交流全覆盖。中国在与不同文化的交流碰撞中展现文化自信，更有利于让不同民族文化以更加开放的姿态发展，让世界以包容的心态共享文明发展成果。

（二）有利于加深沿线国家人民的理解和沟通，奠定“一带一路”的群众基础

只有各国民众能够相互理解和尊重，用开放的心态对待文明之间的差异，促进交流和融合，才能为合作铸就坚固的基础，使人类命运共同体更加牢固。中国用实际行动推动着沿线国家的发展和进步，其中中国扶贫基金会是主要力量，其主导的非洲水窖项目和国家爱心包裹项目以及非洲微笑儿童供餐项目和缅甸奖助学金项目等都助推了“一带一路”的发展。自从第一届国际高峰论坛开展以来，中国加大了对沿线贫困国家的支持力度，颁布一系列的扶贫计划让当地百姓得到实惠，加深了国家间的友谊。而通过传播中华优秀传统文化，可以更好地展示不同时期中华文化的魅力，加强与相关国家的交流与沟通，消除政治文化上的隔阂，促进民心相通，使“一带一路”倡议能顺利推行并实施。

（三）有利于发挥中华文化品牌效应，促进我国各项产业发展

“一带一路”建设覆盖地域广、人口多，丰富多样的文化交流活动涉及各行各业，从而推动我国各项产业的发展。首先，有利于实体产业的发展。中国广核集团是我国最大的核电企业，其下属的清洁能源企业具备很强的国际影响力，广核集团为“一带一路”建设作出很大贡献，取得重大突破的主要领域有核电和新能源应用等，也是我国落实“走出去”倡议的重要表现，不仅为我国产业发展开拓了国际市场，也为沿线国家发展贡献了中国智慧。中广核将积极参与“一带一路”相关国家清洁能源和环保产业建设，造福相关国家和人民。其次，在网络电商等虚拟产业和产品设计上也可以通过融入我国优秀传统文化的元素，如戏曲、书法、剪纸、古建筑等独具特色的文化符号等，使我国的文化发挥品牌效应，促进我国文化产业的进步。

（四）有利于构建中国话语体系，扩展合作空间

中国只有构建自己完善的话语体系，才能讲好中国故事，传播好中国声音，这样才能使国外民众更好地了解和理解中国，展现我国的大国担当，为我国更好地参与国际交流与合作奠定坚实的基础。中国的发展也会为沿途各国提供更多的服务与公共产品，比如，文化领域的产品，中国要主动举办独具特色又具有吸引力的高等学校之间的交流活动，加强与沿线国家科研院所的合作交流以及在文物古迹保护、修复、展览等方面的互动与借鉴，使得各国共享我国文明发展成果，搭乘我国发展的快车。

二、“一带一路”背景下坚定文化自信的时代价值

（一）传播中华民族优秀传统文化，展现中华文化魅力

中华优秀传统文化历史悠久，含义深远，在传播的同时要保留其最初的精神内涵。面向全球消费者的文化产品是我国传播优秀传统文化的重要载体。政府要同沿线国家共同举办丰富多样的文化交流活动，如大型的文物展览、歌唱舞蹈比赛、影视剧展播、民俗活动交流等，不仅能增进友谊，而且在实实在在的互动中带动沿线国家经济发展，增强文化自信的同时展示了我国的大国形象。

（二）创新文化传播方式，营造文化自信的舆论氛围

首先，要打破单向的传播方式，通过具体的项目和活动实现国际文化交流与合作，打造我国独具特色的“一带一路”文化品牌。比如，拍摄以“一带一路”为主题的宣传片，与沿线国家合作，共同制作以文化交融为主题的影视作品；打造一批符合沿线国家消费者现实需要的文化周边产品，可以在制作过程中融入中华优秀传统文化的元素，与戏曲、书法、剪纸、民族舞蹈、皮影等具有特色的文化元素相结合，创作出符合不同国家思想文化、风俗习惯的文化作品，找到我国文化与其他沿线国家文化的平衡点与契合点，要用沿线国家民众喜闻乐见的方式传播中国声音，并积极宣传构建人类命运共同体的理念。

（三）汲取各方力量，创建文化自信的合力机制

国家层面，政府高层要加强对话，制定有利于展示中华传统文化魅力的政策措施，要与国内不同地区的文化资源通过交流和援助等方式促进国家间文化相互理解与认同；要根据“一带一路”的功能布局，形成多层次的文化合作发展格局；要顺应历史发展趋势，加快供给侧结构性改革，给沿线国家提供多层次的文化产品。

社会层面，发挥社会组织和文化企业的创造性。相关文化企业要变革思维

方式，主动提升自身文化产品的科学技术含量，并积极主动融入中国文化的元素，发挥中国文化的品牌效应，为沿线各国奉上彰显中国文化特色的产品和服务。各类社会公益组织也要积极发挥作用，在“一带一路”建设中加强协调配合，可以通过举办形式多样的文化活动帮助中国文化走向世界，增强中华文化自信。

个人层面，国家、社会和学校要重视教育，从各个层面提升国民素质，增强国民的责任感和文化认同感。国民自身也应该积极响应中央号召，及时关注国家在“一带一路”倡议实施方面的政策，可以在网络平台上参与与沿线国家的文化交流活动。随着对外开放的进一步扩大和“一带一路”建设的实施，我国的出境人员定会不断增加，这些出境人员应在日常生活中注重传播中华文化，彰显文化自信。

浅析习近平新时代中国特色外交思想的理论渊源①

一、中华民族优秀传统文化提供了丰富的历史土壤

党的十八大以来，以习近平同志为核心的新一代领导集体在许多重要会议的讲话中，都将中国优秀文化与当今世界形势密切地融合到一起。中国优秀传统文化为新时代中国外交提供了丰富的历史土壤，习近平多次强调中国优秀传统文化的深远影响与当代价值，习近平强调“不忘历史才能开辟未来，善于继承才能善于创新。优秀传统文化是一个国家、一个民族传承和发展的根本，如果丢掉了，就割断了精神命脉”。新时代下，我们的外交始终坚持和平发展的道路，提出了“亚洲安全观”“人类命运共同体”“坚持正确义利观”等外交理念，这些外交理念无不体现中国优秀传统文化的内容，中国优秀传统文化为我国坚持和平发展的道路、推动建立以合作共赢为核心的新型国际关系提供了可资借鉴的丰富土壤。

世界是多元的，不同文化、不同制度都有其发展变化的规律。这种规律，中国古代就称之为“道”。习近平在中法建交五十周年纪念大会上的讲话中说“万物并育而不相害，道并行而不相悖”，实际上阐释的正是中国梦的“中国性”和“世界性”。放眼全球视野，中国梦是我们的目标，这个目标与其他国家的目标是一致的。习近平还提到，中国有中国梦，法国有法国梦。中国梦是法国梦的机遇，法国梦也是中国梦的机遇。习近平总书记特别重视我国与其他国家的密切联系，在外交工作中强调自身发展与世界发展的互利共赢。在对外交往中，中国始终坚守道义，强调实现共同发展与繁荣，是对中国传统文化中的“道”的继承与发展。

习近平强调要坚持正确义利观，有原则、讲情义、讲道义。自古以来我们

① 作者：翟汝其，燕山大学马克思主义学院硕士研究生。此文发表于《法治与社会》2019 年第 19 期，题目为《浅析习近平新时代中国特色外交思想的理论渊源》，收录时略有改动。

就强调在与人交往时讲究一个“义”字，无论是人与人的交往，还是国家与国家的交往都应该坚持这一思想，习近平新时代中国特色外交思想秉持了这一理念，并将其发扬光大，在外交的方方面面都体现得淋漓尽致。坚持“计利当计天下利”，从整个世界的利益出发想问题、办事情。在处理周边外交工作时坚持“亲、诚、惠、荣”，坚持“真、实、亲、诚”的中非关系，倡导建设更高水平的中拉全面合作伙伴关系。中华民族历来是崇尚道义的民族，坚持“既以为人，己俞有；既以与人，己俞多”，在谋求自身发展的同时，也让别人发展，并且欢迎各国搭乘中国发展的“便车”。因为我们始终坚信“一花独放不是春，百花齐放春满园”，这无不体现了中国作为大国的担当与胸怀。

“和合”文化是中国传统文化中最具生命力和影响力的文化因子。在外交方面更是继承这一优秀传统文化的精华。“和合”文化中既包含“求同存异”“和而不同”的内容，又包含“和谐共生”的思想。“智者求同，愚者求异”，正如习近平同志所说，我们所处的，既是同舟共济的时代，也是个性彰显的时代，既是机遇前所未有的时代，也是挑战前所未有的时代。“求同存异”一直以来是我国的外交方针，习近平总书记在印度尼西亚国会中提出的“海纳百川，有容乃大”，正是对这一方针精神的发扬。做人如此，治国亦如此，国际交往中更是如此。在国际交往中，保持一个博大的胸怀与气魄十分必要。“和而不同”，是中国人处理关系的基本态度：和睦，但不求一致。习近平总书记在联合国教科文组织总部的演讲中曾经引用这样一句话：“若以水济水，谁能食之？若琴瑟之专壹，谁能听之？”，强调对待不同文明我们需要有比天空更开阔的胸襟，从不同文明中寻求智慧、汲取营养，为人们提供精神支撑和心灵慰藉，携手解决人类共同面临的各种挑战。构建“人类命运共同体”的理念其中包含着“和谐共生”的内容。人类命运共同体旨在追求本国利益时兼顾他国合理关切，在谋求本国发展中促进各国共同发展，它包含相互依存的国际权力观、共同利益观、可持续发展观和全球治理观。这为国与国的交往提供可以借鉴的方案，将外交理念与中国优秀传统文化相互结合。“一带一路”的实施也包含着“和合”的文化内涵。“一带一路”秉持共商共建共享原则，是开放的，是穿越非洲、环连亚欧的“朋友圈”，而且所有感兴趣的国家都可以参与其中。

二、马克思主义哲学思维奠定了坚实的方法论基础

习近平新时代中国特色外交思想贯穿着历史唯物主义和辩证唯物主义的立场观点和方法，在实现中华民族伟大复兴的历史进程中把握大势，在错综复杂的矛盾冲突中厘清主次，在中国与世界的辩证关系中体现担当，形成目标明确、系统全面的理论体系。

构建人类命运共同体的主张，包含着深刻的历史唯物主义思维，主张“坚持对话协商，建设一个持久和平的世界；坚持共建共享，建设一个普遍安全的世界；坚持合作共赢，建设一个共同繁荣的世界；坚持交流互鉴，建设一个开放包容的世界；坚持绿色低碳，建设一个清洁美丽的世界”，揭示了历史发展的趋势和各种社会形态之间的关系。其中包含了政治安全、经济发展、文化繁荣和生态优美等方面。政治安全是前提，经济发展是关键，文化繁荣和生态优美是保障，这几个方面统一于人类社会发展的历史进程中。构建人类命运共同体的主张，也反映了从历史唯物主义角度对人类社会发展规律的认识。随着生产力的发展和科学技术的推进，越来越多的国家和地区在更广泛的范围中相互联系，彼此依存程度加深，人类越来越突破地域、民族、肤色、信仰等的界限，进入马克思所说的“世界历史”时代。纵观当今世界，多极趋势越发显现，新型国家势不可当。而当今世界无论是恐怖袭击、环境污染还是粮食短缺等问题，都不是哪个国家就能解决的，而习近平提出的“构建人类命运共同体”为这些问题的解决提供了新的思路。

唯物辩证法揭示了世界普遍联系和永恒发展的规律，要求人们在认识世界和改造世界的过程中，不能以偏概全、静止孤立，必须透过现象看本质，由此及彼认识到事物的内在联系，学会在事物的发展变化中把握其规律。习近平新时代中国特色外交思想坚持走和平发展道路，一方面坚定奉行独立自主的外交政策，尊重各国人民自主选择发展道路的权利；另一方面坚持对外开放，加强与世界各国的联系，坚持相互借鉴、相互包容。坚持走和平发展道路的选择，使我们抓住了事物发展中的主要矛盾和矛盾的主要方面，认识到尽管当今世界

风云变幻、国际格局不断调整，恐怖主义和霸权主义充斥其中，但和平与发展仍是当今世界的主题。和平是发展的前提和基础，发展是和平的动力和保障，二者缺一不可。

三、新中国成立以来的外交理论提供了理论借鉴

中非友好交往源远流长。习近平总书记曾经说过：“中非关系不是一天就能发展起来的，更不是什么人赐予的，而是我们双方风雨同舟、患难与共，一步一个脚印走出来的。”其实早在20世纪五六十年代，新中国第一代领导人就和非洲共同开启了中非关系的新纪元。在新中国成立初期，中国在自身经济实力尚且薄弱的时候，无任何附加条件地免费资助非洲国家建设，而非洲兄弟并没有忘记，在中国恢复在联合国的合法席位中发挥了关键作用。从那时起，中非人民就结下了深厚的友谊。而在新时代的今天，习近平继承传统，提出中非关系坚持“真实亲诚”。

习近平总书记的这一外交战略举措是对毛泽东加强与第三世界国家的团结与合作的继承与发展。

习近平总书记指出，我们所处的是一个风云变幻的时代，面对的是一个日新月异的世界。当今世界，和平、发展、合作、共赢成为时代潮流，一大批新兴市场国家和发展中国家走上发展快车道，各国相互联系、相互依存的程度空前加深，人类依然面临诸多难题和挑战。这一判断同样是对邓小平和平与发展是当今时代主题的继承与发展。

习近平总书记指出，当前国际形势中不稳定不确定因素突出，保护主义抬头。中方愿同各方一道，坚定维护多边主义，推进完善全球治理，共同应对全球性挑战。习近平总书记出席在巴黎举行的联合国气候大会开幕式并发表重要讲话，明确强调“恐怖主义阻挡不了全人类应对气候变化、追求美好未来的进程”，并提出了具有中国特色的中国解决方案。习近平总书记这些举措既坚持韬光养晦又有所作为，是对邓小平外交理论的继承与发展。

四、结束语

习近平新时代中国特色外交思想是将中华民族优秀传统文化、马克思主义哲学思维和新中国成立以来的外交理论进行融合借鉴与发展，是历史与经验的总结，既包含对过去外交理论的继承，又有结合新时代新情况的总结。习近平新时代中国特色外交思想是集体智慧的结晶，在这一思想的引领下，中国越来越主动地参与到世界中去，越来越积极地为解决全球问题提出中国方案。习近平指出，和平发展、合作共赢是当今时代的潮流。而在这个时代，中国抓住机遇努力发展自己，同时在自身获得发展的同时，不忘让其他国家也得到发展。“一带一路”的提出，表明中国欢迎世界上其他国家搭乘中国发展的“便车”，让这一理念惠及更多国家和人民。构建“人类命运共同体”思想也为全球问题的解决提出了“中国方案”。正是在习近平新时代中国特色外交思想的指引下，今天的中国前所未有地走近世界舞台中心。

构建良性互动的新型中国与世界关系，必须顺应时代发展潮流，也必须从中国实际出发，把时代特征和中国特色有机结合起来。习近平新时代中国特色外交思想不是凭空产生的，它是在继承了中国优秀传统文化、马克思主义理论、新中国成立以来的外交理论，系统总结党的十八大以来对外工作实践经验的基础上形成的。正是在科学思想的领导之下，中国才能够以更加自信的姿态去与其他国家进行交往，针对全球问题提出自己的解决思路，同时讲好中国故事，让世界更加了解中国，让世界破除对中国的误解，更加积极主动地走向世界。习近平新时代中国特色外交思想顺应世界和平与进步的时代潮流与历史大势，饱含中国智慧，向世界展示了坚定自信、积极进取的中国风格和开放包容、谦和大度的中国气派，向世界提供了“中国方案”“中国倡议”“中国主张”，展现了全球视野和世界胸怀，得到国际社会的广泛认同。

打好扶贫攻坚战，决胜全面小康①

一、坚决贯彻党的领导，将工作深入基层

党的十九大明确了中国特色社会主义最本质的特征是中国共产党的领导。党政军民学，东西南北中，党是领导一切的。打好扶贫攻坚战，党要以战略的高度把握扶贫攻坚的大方向，使扶贫攻坚具有正确的定位。必须使党的扶贫工作深入基层，搞好基层党建工作。如可以对农村贫困地区的老党员干部进行慰问，帮助他们解决生活困难，提高党的向心力；同时，要为贫困农村注入一些鲜活的党员力量，可以安排大学生村官到这些贫困地区工作，使他们能够为扶贫工作贡献自己的力量，壮大党员素质队伍。最关键的还要充分发挥农村党支部、村干部领导班子的作用，他们最了解农民需要什么，最能根据农村实际提出具有可行性、时效性的措施。

二、政府群策群力，工作要准确落实

十九大报告指出，增进民生福祉是发展的根本目的。要深入开展脱贫攻坚，保证全体人民在共建共享中有更多获得感，不断促进人的全面发展、全体人民共同富裕。打好扶贫攻坚战必须在党的领导下做好政府的工作。政府是人民意旨的执行者和人民利益的捍卫者，政府扶贫攻坚工作要执行"为人民服务"的职能。首先应使贫困地区的政府相关部门找准党中央作出的战略定位，认真学习领会其中的战略精神，为开展扶贫攻坚战注入强心剂。其次党也要督促政府的工作，确保他们能够履行服务民众和改善民生的职能。政府可以积极鼓励一些高校的党员干部长期深入基层调研，更好地了解考察扶贫工作，为开展精准扶贫工作群策群力，提高精准扶贫政策的科学性和可行性。

---

① 作者：赵丽英，燕山大学马克思主义学院硕士研究生。此文发表于《现代经济与信息》2019年第4期，题目为《打好扶贫攻坚战，决胜全面小康》，收录时略有改动。

三、扶贫要发力，扶贫先扶志

精准扶贫，关键在人。扶贫先扶志中的“志”即志气，也就是下定决心要脱掉贫困的帽子。这就需要政府部门相关方面的宣传人员加大宣传力度，向贫困群众传播一些新思想、新观念、新方法。政府部门也可以为贫困群众提供一些相关技术帮助和资金帮助，培养并鼓励他们自力更生的精神，寻找脱贫的路子。俗话说得好，“人穷志不穷”。政府的扶贫政策固然能解决贫困群众的燃眉之急，但从长远来看，要想真正摆脱贫穷的现状，使后代人永远脱贫，必须首先解决这个“志”的问题。争取为实现精准扶贫创造内生动力，发挥精准扶贫的“造血”功能。

四、扶贫讲技巧，扶贫必扶智

扶贫必扶智中的“智”即智慧，聪明才智。政府部门在提供一些政策支持的同时，还要充分发挥基层党组织的作用，发扬广大村干部的实干精神。特别要引导村干部注重结合农村实际，利用农村现有的资源、地理、环境优势，发掘脱贫的路子。正如毛主席在延安开展大生产运动时所说的：“自己动手，丰衣足食”，广大贫困地区的人一定要在党的正确引领和政府部门的支持下自己寻找脱贫致富的路子。如秦皇岛市青龙满族自治县隔河头镇大森店村利用政府提供的资金帮助，组织村民集资入股，发展起绒山羊养殖产业，增加了村民的收入。

目前，扶贫开发工作已进入“啃硬骨头、攻坚拔寨”的冲刺期。为此，必须积极打好扶贫攻坚战。首先必须坚持党的领导，党对扶贫攻坚战要作出正确定位，要密切深入基层党组织开展精准扶贫工作。其次要发挥政府的职能作用，制定一些切实可行的措施，为精准扶贫政策起到提纲挈领的作用。再次，扶贫还要发挥群策群力的作用，不仅发挥政府精准扶贫的“输血”功能，还要依靠群众自己的“造血”功能，争取早日脱贫，最后彻底脱贫，从而决胜全面小康。

"四个坚持"为文艺创作指引方向①

习近平总书记提出，文艺创作要"坚持与时代同步伐""坚持以人民为中心""坚持以精品奉献人民""坚持用明德引领风尚"，为文艺创作指明了方向。新时代文艺创作的出发点和落脚点要以"四个坚持"为根本价值遵循，不断推动文艺创作的创新和繁荣发展。

一、坚持与时代同步伐

"文章合为时而著"指明了文章要符合时代要求，要紧跟时代步伐。中国自古以来就有"为天地立心，为生民立命，为往圣继绝学，为万世开太平"的志向和传统，这也是中国知识分子基于当时的社会现实，为社会重建精神价值，为群众明确生命意义，为先贤继承遗失绝学，为万世开拓太平基业的人生追求。这种人生追求在今天依然具有很强的现实意义，对文艺创作的基本要求、目标指向、核心要义等具有积极的借鉴意义。

党的十八大标志着中国特色社会主义进入了新时代，新时代的中国，正经历着我国历史上最为广泛而深刻的社会变革，也正在进行着人类历史上最为宏大而独特的实践创新。"三去一降一补"使经济发展呈现新常态，供给侧结构性改革助力经济发展方式转型升级，社会主义核心价值观引领社会风气，绿水青山就是金山银山的生态环保理念深入人心。在这样一个充满朝气和活力的时代，文艺工作者要肩负起记录新时代、书写新时代、讴歌新时代的神圣使命和时代担当，肩负起弘扬中国精神、凝聚中国力量的时代责任。

当今中国正处于历史的最好时期，全面建成小康社会的步伐铿锵有力，实现中华民族伟大复兴中国梦的目标更加接近。"一带一路"为人类文明交流互

① 作者：赵爽，燕山大学马克思主义学院硕士研究生；刘东锋，燕山大学马克思主义学院硕士研究生。

鉴搭建起了坚实的平台，“人类命运共同体”构建起了人类未来的发展蓝图，在这样一个奋进的时代和开放共享的时代，文艺创造的立足点更加明确，着眼点更加多样。用新作品、新艺术展示新时代，理应成为当前及今后文艺创造的时代方向。

二、坚持以人民为中心

党的十九大报告指出“社会主义文艺是人民的文艺，必须坚持以人民为中心的创作导向，在深入生活、扎根人民中进行无愧于时代的文艺创造”。人民群众不仅是物质生产的实践主体，也是精神生产的实践主体。新时代，人民对美好生活的向往更加多样，这种需要不仅包括物质上的富有，也涵盖精神上的满足。文艺创作需要人民智慧的闪现，人民的精神满足需要文艺的熏陶。社会主义文艺从本质上来讲是人民的文艺，人民的需要是文艺创造的价值遵循和文艺存在的价值基准。解决好“为了谁、依靠谁、我是谁”的问题，是文艺创造的首要问题。牢固树立“人民是历史创造的主体，也是文艺创造的主体”这一理念，对文艺创造的价值指向具有重要意义。文艺创作要以最广大人民为服务对象和表现主体，要积极反映人民群众的精神面貌和生活实践，在人民群众的生产实践中进行美的发现和美的创造。

“人民是创作的源头活水，只有扎根人民，创作和研究才能获得取之不尽用之不竭的源泉”指出了文艺创作要始终坚持人民群众的立场，也要紧密联系人民群众。人民群众是马克思主义唯物史观的根本遵循，也是中国共产党的根本政治立场，是中国共产党区别于其他政党的显著标志，党和国家全部事业的出发点和落脚点是实现好、维护好、发展好最广大人民的根本利益，同时中国共产党代表中国先进文化的前进方向，为文艺创作的展开提供了思路。人民对文学艺术的追求，就是对精神文明、思想文化的诉求，直接决定着文艺创作的方向。

三、坚持以精品奉献人民

“一切有价值、有意义的文艺创作和学术研究，都应该反映现实、关照现实，都应该有利于解决现实问题、回答现实课题。”习近平总书记从党和国家事业发展的全局出发，围绕文艺“怎么创作和创作什么”提出了要求。精品不是简单的机械化产品，而是长久耕耘的丰硕果实，不是混淆是非的文艺创作，而是主题明确的时代呼唤，是来自人民、回馈人民的时代精品，也是具有思想性和创新性的文学艺术产物，是“工匠精神”在文艺创作领域的延伸。

广大文艺工作者要树立精品意识，把“精品意识”渗透到作品创作的全过程，在反复打磨作品的过程中提高思想性和艺术性。以思想精深、艺术精湛、制作精良为目标，以贴近实际、贴近生活、贴近群众为核心，以有情怀的正能量、有特色的新意、有品位的视角为中心，提高文艺作品的感染力和号召力，扩大文艺作品的影响力和传播力。

四、坚持用明德引领风尚

思想和价值观念是文艺的灵魂。以文艺创作凸显明德、引领风尚，是提升个人修养、凝聚社会正能量的基本遵循，也是传达思想和价值观念的重要载体。《大学》开宗明义地指出“大学之道，在明明德”，说明“德”既是个人素养的核心要义，也是社会和谐的基本遵循。“德不优者不能怀远，才不大者不能博见”，选人用人的标准在于德才兼备，以德为先；文艺创作的标准也应兼顾德才，有德的文艺作品才能引领社会风气、引导广大青年，有才的文艺作品才能感染人、吸引人。

在经济全球化、信息多样化的当今时代，用什么样的文艺作品教育指导人们的实践活动，应该是广大文艺工作者深入思考的问题。好的文艺作品在启迪思想、陶冶情操、温润心灵的过程中既有潜移默化的影响力，也有直击心灵的感染力。新时代，文艺工作者要始终坚持以明德引领风尚，始终坚守文艺创作的阵地，以高度自觉的行动和富有成效的实践激扬先进思想和中国精神，为培根铸魂贡献自己的智慧和力量。

新发展理念与中国现代性话语[①]

如果说发展是社会文明进化的永恒主题，那么发展观则是人类反思文明进化模式所产生的关于发展的观点、理论和方法的总称。在不同历史阶段所产生的发展观，不仅如实反映着某个时代的内在主题与逻辑主线，而且也有力地引导着人类实践的升级与变革，推动着历史不断向前发展。20 世纪中叶以来，随着亚非拉国家民族民主运动的风起云涌以及发达国家诸多现代性问题（尤其是生态问题）的日益凸显，对 16 世纪以来以西方为主导片面强调“主体性”的“发展”理念进行重新反思已经成为国际社会的共识。以《寂静的春天》《亚洲的戏剧：对一些国家贫困问题的研究》等专著的出版为标志，世界学术界开始了一场声势浩大并延续至今的“发展理论”研究热潮。随着研究的不断深入，早期强调经济增长的传统发展理论，逐渐被 20 世纪 60 年代兴起的强调综合发展的理念、70 年代诞生的强调关注人的发展理念以及 80 年代出场的可持续发展理念所替代[②]，充分表明人们对“何谓发展”“为何发展”等问题的认识在不断深化。

正是顺应世界发展潮流，作为社会主义事业的领导核心，中国共产党在面对社会主义现代化建设过程中出现的诸多问题时，没有故步自封、因循守旧，而是立足基本国情，在深刻了解时代发展脉络的基础上，实现了马克思主义发展观的创造性提升与实质性飞跃，在不同历史阶段为中国发展提供了重要的理论引导与智力支持，凸显了其具有的执政魅力与实践智慧。在全面建成小康社会的决胜阶段，党的十八届五中全会提出并在党的十九大报告中得到又一次凸显的新发展理念，是中国化马克思主义发展观的最新成果和新的提升，集中反

① 作者：佟华华，燕山大学马克思主义学院硕士研究生。此文发表于《燕山大学学报（哲学社会科学版）》2019 年第 1 期，题目为《新发展理念与中国现代性话语》，收录时略有改动。原文发表时该作者为第二作者。

② 栾雪飞：《论科学发展观的国际理论渊源》，《东北师大学报（哲学社会科学版）》，2011 年第 2 期，第 35-40 页。

映了中国共产党对实践发展趋向的深刻把握，为中国特色社会主义实践指明了方向。同时，这也表明充满东方特色的中国现代性话语的当代出场。

一、从“统筹发展”到“科学发展”：中国共产党发展观的演进逻辑

近代以来，诸多先贤都试图提出能够引导社会历史进步的核心发展理念。无论是弗朗西斯·培根提出的“知识进展观”（强调知识的力量），或是卢梭揭示的“秉性推动观”（人类有追求完善的禀赋），抑或是黑格尔阐释的“绝对精神发展观”，都为明晰发展的核心动力与发展趋向提供了重要思想资源，进而成为西方现代化实践的“精神先导”①。正是在“主体性无限”的现代性思维框架的导引下，以西方为主导的世界现代化历程不仅呈现出生产能力的提升以及由此产生的繁荣景象，而且也表征着贫富差距的日趋增大以及人与自然之间的紧张关系。历史呼唤着反思性理念的出场，故而马克思主义理论应运而生，并在历史舞台上展现自己的独有魅力。

对社会发展的本源、动力、主体、趋向及价值追求的科学揭示是马克思主义理论的核心主题之一。具体而言，马克思主义以生产实践为根基，揭示了社会发展的本源；以生产力与生产关系、经济基础与上层建筑之间的矛盾运动为内核，阐释了社会发展的动力；以人民群众创造历史为主线，发现了社会发展的主体；以实现社会主义和共产主义为主题，指明了社会发展的未来趋向；以实现人的全面发展为归宿，论证了社会发展的价值追寻。它不仅有力驳斥了以“理性”为基本预设的系列发展理念，而且对于现代化发展过程中出现的诸多问题（如贫富分化等问题）予以深刻揭示和回应，充分体现了科学性和价值性的统一。作为以马克思主义为指导的无产阶级政党，中国共产党秉承唯物史观关于社会发展的基本观点，以中国社会主义发展过程中出现的新情况和新问题为研究对象，在不同历史阶段创造性提出了指导中国革命、建设和改革的发展理论，彰显了理论自觉与自信。

---

① 张雄，卜祥记：《与时俱进的科学发展观——中国共产党人探索科学发展观轴心原理的百年史回眸》，《毛泽东邓小平理论研究》，2014 年第 12 期，第 1-11 页。

在社会主义制度确立之后，以毛泽东为核心的党的第一代领导集体面对西方全面封锁与国内百废待兴的困难局面，能够提出“以苏为鉴”的正确主张，明确指出中国社会的基本矛盾已经从阶级斗争转向人民对经济文化发展的需要与当下境况不能满足之间的矛盾，进而阐明主要任务是发展生产力，充分表明党的社会发展理念的不断深化。尤其是在《论十大关系》《关于正确处理人民内部矛盾的问题》中，毛泽东更是鲜明提出适合中国社会主义建设的发展理念——统筹发展。统筹发展，是指一方面要统筹社会主义建设的多元矛盾，不能厚此薄彼，另一方面通过调整（按比例）使社会矛盾处于缓和状态，实现多元关系良性运转。正如毛泽东所言，社会主义国家“能够有计划按比例地发展，使不平衡得到调节”[①]。而要实现统筹发展，一方面需要立足国情，根据现实状况自主制定“顶层设计”（自力更生），另一方面需要激发群众的劳动积极性，凝心聚力。统筹发展理念是马克思主义矛盾运动思想在中国的实践应用，是中国化马克思主义的开创性成果之一，为党的发展理念的不断深化奠定基础。

党的十一届三中全会的召开，拉开了中国特色社会主义实践的序幕，也呼唤着发展理念的创新。作为党的第二代领导集体的核心，邓小平不仅明确提出“发展是硬道理”的命题，而且围绕“什么是社会主义、怎样建设社会主义”的“总问题”，提出适合新时期中国的发展理念——系统发展。所谓系统发展，是指采取适当方式使发展实践得以整体（涉及经济、政治、文化等领域）、有序（是指按照内在规律进行）推进。具体而言，邓小平在肯定了解放和发展生产力在社会主义建设中的重要作用以及重新明确中国所处之历史方位（社会主义初级阶段）的基础上，明确提出发展实践的序列：思想解放（实现思想引领）—政治体制改革（实现政府主导）—引入市场机制（实现市场导向）—进行文化建设（实现文化繁荣）—坚守人民主体（实现价值引导），为实现国强民富的历史重任提供了重要思想指南。此发展理念的实质在于通过上层建筑的有序改革，促进生产力的迅速发展。正是在邓小平发展理念的引领下，中国特色社会主义实践得以走上正轨，中国特色社会主义制度的优势也逐渐显现，即“能够允许

① 毛泽东：《毛泽东文集》第八卷，人民出版社 1999 年版，第 119 页。

社会生产力以旧社会所没有的速度迅速发展，使人民不断增长的物质文化需要能够逐步得到满足"[①]。

在世纪之交，以江泽民为核心的党的第三代领导集体，把发展提升到"党的执政兴国的第一要务"的高度，充分表明中国共产党对发展规律认识的逐渐深入。"三个代表"重要思想不仅对新时期党的建设提出了新的要求，而且也蕴含着新世纪中国与时俱进的发展理念——先进发展。所谓先进发展，是指要抓紧时代机遇，用顺应历史潮流的理念引领实践前行。作为执政党，中国共产党的先进性要求其所设定的发展理念符合当代社会化大生产（信息化）的需要，蕴含先进文化的精髓，为广大人民根本利益的获得指引方向。而要实现先进发展，关键是要以前瞻性眼光审视并处理好新世纪出现的诸多矛盾。故而，江泽民在《正确处理社会主义现代化建设中的若干重大关系》一文中，有针对性地提出了包括正确处理改革、发展、稳定的关系等在内的十二个关系，并以此为指引，实施了可持续发展战略、西部大开发战略等，推动中国社会不断向前发展。

科学发展观的提出，标志着中国共产党发展理念的重大革新。党的十六大以来，以胡锦涛同志为核心的党中央，一方面能够密切关注国际发展的新趋向，吸取国际发展理念的新共识，即以重新关注人的生存与发展的"综合发展"理念代替偏重"物的维度"的"单向度"发展理念，另一方面能够直面国内发展的"不平衡"问题，认真总结中国特色社会主义实践的经验，提出了新的发展理念——科学发展。科学发展观的内在规定性（"发展""以人为本""全面协调可持续""统筹兼顾"）不仅系统阐明了发展目标、发展主题、发展实质与发展主体等问题，而且实现了科学性（强调生产力的决定作用）与价值性（体现发展成果的人民共享）的统一、质变（评定发展标准的综合性）与量变（经济指标的稳步提升）的统一、形式合理性（统筹兼顾的方法）与实质合理性（整体发展的原则）的统一。科学发展观的出场不仅具有鲜明的问题导向，而且切实回应了具体现实诉求，获得了人民群众的广泛认同，引领中国特色社会主义实践不断深化。

---

① 邓小平：《邓小平文选》第二卷，人民出版社1994年版，第128页。

综上所述，中国共产党发展观的历史演进，不仅充分表明中国共产党对社会主义建设规律认识的不断深化，同时也意味着中国社会主义建设道路并非一帆风顺，而是充满着荆棘与坎坷，需要中国共产党以“中国问题”的解决为根本动力，不断创新发展理念，提升执政能力。

二、新发展理念：中国共产党发展观的再次升级

十八届五中全会提出的新发展理念（“创新、协调、绿色、开放、共享”）是中国共产党在继承以往发展理念的基础上，依据当前世情、国情、党情的变化，实现宏观理念和战略构想实质性飞跃的理论结果。党的十九大报告更是把“坚持新发展理念”纳入新时代坚持和发展中国特色社会主义基本方略之中，更加凸显了其具有的重要价值和意义。新发展理念不仅表征着中国共产党对时代发展规律认识的又一次提升，而且折射出中国特色社会主义实践的再次升级。它秉承中国共产党发展观的理论精髓，是中国化马克思主义发展观的内在延伸。其主要表现为：在发展理念上，强调“创新”的核心作用与“共享”的价值追求是对“科学发展”理念的充分肯定，即实现人的维度与物的维度的统一；在发展规划上，强调“协调”的重要原则与“绿色”的战略规划是对“统筹发展”理念的认同，即妥善处理人与人、人与社会、人与自然的关系；在发展原则上，强调“开放”的关键环节是对“先进发展”理念的遵循，即积极引进和借鉴世界先进的技术、资本与经验；在发展模式上，强调新发展理念的整体性是对“系统发展”理念的坚守，即强调发展实践的综合性与系统性。值得注意的是，新发展理念的内在意蕴不仅表明其对传统发展理念的坚守与继承，更映射出其具有的超越与创新维度。

（一）作为实现中华民族伟大复兴的重要指引，五种发展理念辩证联系在一起，构成了不可分割的整体，扩展了发展思路

中华民族伟大复兴，是近代以来饱受摧残与磨难的中国人民最迫切的呼声与期许，也是中国共产党自建党以来始终承担的历史责任与使命。正是以此为指引，中国共产党才能始终团结和领导各族人民取得了新民主主义革命的胜利，建立了社会主义制度，才能在改革开放过程中取得举世瞩目的成就，使我们处

于距离实现中华民族伟大复兴的目标最近的时刻。曙光的临近必然意味着黑暗的深度侵袭。当前中国所面临问题的综合性与复杂性前所未有，需要系统理论予以破解。换言之，新发展理念的整体性提出是由中国当前所面对的“总问题”所决定的，即整体转型的再次升级。整体转型，从时间上看是指从1978年改革开放之初至今一直持续的社会结构转变时期；从内容上看，是指由传统的“权力至上”金字塔形社会结构向党政主导下的“领域分离”（政企分开、政社分开）转向；从结果上看，是指生产力（由要素驱动向创新驱动转向）、生产关系（从计划经济走向市场经济）、权力运作模式（由“国家主导”到“国家治理”）等一系列的转变①。当前，转型的再次升级，是指中国的整体转型进入了新阶段，即在利益分配机制上，由“效率优先”原则向“注重公平”原则转向；在社会运行模式上，由平衡机制主导向动力机制主导转向；在精神世界倾向上，由“思想僵化”向“思想分化”与“思想僵化”共存转向等。这也使得“中国问题”表现得极为复杂，即市场力量不足与环境污染交织、民生质量总体不高与贫富差距渐进拉大缠绕、精神虚无与诉求激进并存等。故而，作为现实问题的回应，具有整体逻辑结构的新发展理念应运而生。

新发展理念的逻辑结构可以概括为：以“创新”为基点，以“协调”为保障，以“绿色”为条件，以“开放”为依托，以“共享”为目标。此逻辑结构不仅体现了唯物史观的精髓，即把人（实践）、自然（环境）、社会等关键要素统一起来，而且反映出鲜明的问题导向和规律意识，即明确指出当前中国发展急需解决的迫切问题以及顺应规律的破解之道。创新发展主要针对中国发展动力只是单纯依靠要素驱动而产生的不可持续问题，体现了社会主义动力规律的基本要求；协调发展主要解决中国发展领域、发展空间、资源配置的不平衡问题，凸显了社会主义发展平衡规律的基本内涵；绿色发展主要解决人与自然的矛盾，表征出社会主义生态发展规律；开放发展主要解决中国发展要实现统合国内外两个市场问题，体现了社会主义发展联动规律；共享发展面对的是中国发展成果的人民共建共享共

① 韩庆祥：《当代中国整体转型升级与哲学创新发展》，《理论探讨》，2016年第1期，第43-47页。

赢问题，凸显了社会主义发展价值规律。正如习近平所指出的，新发展理念“反映出我们党对我国发展规律的新认识”。正是新发展理念所具有的整体性与科学性内蕴，使其能够与“四个全面”战略布局和“五位一体”的总体布局一并成为指引实现“中国梦”的“顶层设计”。

（二）作为指导中国社会主义现代化发展的重要指南，新发展理念实现了马克思主义理论的全面升级，扩展了发展视阈

作为一场“未完成的谋划”，自16世纪开始的世界现代化进程依然延续至今，为诸多发展中国家指明了方向。换言之，中国特色社会主义道路实质上是中国特色社会主义现代化道路。作为其指导思想，马克思主义理论也需要不断与时俱进。马克思主义哲学、马克思主义政治经济学与科学社会主义，是马克思主义理论三个不可分割的重要组成部分，共同支撑马克思主义理论的科学性与价值性的统一。综观马克思主义发展史的历程可以发现，只有全面理解和发展马克思主义理论，其所诞生的结果才会被实践所证明；反之，任何试图曲解、肢解、歪解马克思主义理论，试图分离三个组成部分的图谋都会被实践所证伪。作为指导中国全面推进现代化的马克思主义中国化的最新成果之一，新发展理念实现了哲学理念、政治经济学理论和科学社会主义构想的综合升级，实现了马克思主义理论的全面升级，为发展理念的理解提供多元视域阈，进而为其注入新的内容。

在哲学维度上，新发展理念是以辩证唯物主义和历史唯物主义为基本视阈，以矛盾分析方法、实践分析方法、价值分析方法为根本方法，对中国所处之境遇以及未来发展趋向做出的哲学回应。换言之，正是以实践分析方法判断时代与中国所处之历史方位（信息化时代），并得出主导发展动力模式将从要素驱动向创新驱动转向，才能提出创新发展；正是以矛盾分析方法判断中国现实应当处理的各领域、各空间之间的综合矛盾，才能提出协调发展、绿色发展和开放发展；正是以价值分析方法透视中国特色社会主义实践的价值诉求，才能提出共享发展。同时，新发展理念也将以崇高的智慧发挥“高卢雄鸡”的作用，引领21世纪中国发展。

在政治经济学维度上，新发展理念是以经济新常态为基本依据，创新当代中国化马克思主义政治经济学的重要成果。马克思主义政治经济学的内在魅力在于发现剩余价值规律并阐明资本运转的内在逻辑。但在当时，马克思、恩格斯关注的重点是资本主义矛盾的不可调和性以及暴力革命问题，对于社会主义经济建设问题并没有过多论述。这也成为中国化马克思主义政治经济学创新发展的重要动力。改革开放以来，中国共产党始终以“中国情景”为依据，以“中国发展”为主线，不断推进马克思主义政治经济学的时代创新。无论是社会主义市场经济理论的提出，或是实现所有制和分配方式的变革，抑或是国有企业推进现代企业制度改革，无不是其重要成果。在当前中国经济新常态下，新发展理念不仅回应了当前中国经济出现的诸多问题，而且明确指出未来经济发展的趋向。具体而言，创新理念是针对中国粗放型发展方式难以为继以及需求侧“三驾马车”力量不足等问题而提出的，其实质是大力倡导以科技自主创新为核心的系列创新，以突破经济发展瓶颈；协调理念针对的是中国经济发展的“不均衡性”，实质是要实现经济发展的速度与效益、先富与共富等方面的统一[①]；绿色发展针对的是“市场失灵”所造成的环境负效应，其实质既是要通过制度设定解决生态建设与经济发展的矛盾，同时也提出了把生态要素转换为经济发展动力的长远目标；开放发展既是国内经济结构调整升级的要求，又是顺应世界经济一体化趋向的必然选择，其实质是统筹国内外市场，扩展经济发展的空间视野；共享发展的经济学意蕴在于它是按照共同富裕的要求对中国收入差距问题的回应，其核心是要处理好按劳分配与生产要素之间的关系。

在科学社会主义维度上，新发展理念不仅客观反映出社会主义建设的基本规律，而且为推进中国特色社会主义提供指导。新发展理念作为习近平新时代中国特色社会主义思想的重要组成部分，与“中国梦”“四个全面”战略布局等理论完整构成以习近平同志为核心的新一届领导集体治国理政的思想逻辑，为突破新时代实践的艰难险阻提供重要指南；新发展理念以具体原则的形式扩

---

① 程恩富：《论新常态下的五大发展理念》，《南京财经大学学报》，2016 年第 1 期，第 1-7 页。

展了中国特色社会主义道路的内涵与实践形式，如以创新原则拓展了经济建设道路，以协调原则扩展社会建设道路，以绿色发展扩展生态文明建设道路，以开放原则扩展国际关系发展道路，以共享原则拓展政治发展道路等。同时，新发展理念的落实需要完善中国特色社会主义制度予以实现，故而其为中国特色社会主义制度的构建提供了重要指南，即通过完善产权制度等推进创新氛围形成；通过完善宏观调控体制等推进协调布局的形成；通过完善生态管理体制等实现绿色发展；通过完善互动共赢外交体制等实现内外联动的开放发展；通过完善分配制度等推进共享发展。

（三）作为紧抓时代机遇的关键理念，新发展理念从发展主体、发展重点、发展原则等方面创新了发展实践模式

如果回顾中国特色社会主义实践取得举世瞩目成就的历程，可以发现，顺应时代发展趋向、紧抓时代机遇是其成功并获得世界认同的重要因素之一。尤其是进入21世纪以来，随着世界局势的风起云涌与中国加入WTO的新情景，“紧紧抓住并且可以大有作为的重要战略机遇期”[①]已经成为中国共产党制定实践战略的重要准则。正是在此原则的指导下，中国在保证国家利益的基础上，积极参与国际合作以应对共同问题，进而实现中国与世界的交融发展。当前，面对“后危机时代”与“经济新常态”的双重压力，中国提出的新发展理念不仅是针对现实问题的必然选择，而且也是紧抓时代机遇、勇于接受挑战的重要体现。2008年金融危机对世界发展造成的负面影响持续发酵至今，虽然各国都在通过调整实践策略（如经济结构调整）想要尽快走出金融危机的“泥沼”，但世界经济疲软的现实状况已经成为不可规避的事实。同时，中国国内经济发展已经从偏重经济发展速度向偏重经济发展结构调整（注重效益和质量）转向的客观事实，使得短时期内社会发展将要承担转型升级的阵痛。压力的出现同时也意味着机遇的诞生。虽然国际经济大环境出现低迷，但也为重建国际经济新秩序提供契机，同时也为中国重新屹立于世界民族之林提供重要机遇；虽然国内经济转型升级所带来的压力前所未有，但这也意味着中国特色社会主义实践将迎

① 江泽民：《江泽民文选》第三卷，人民出版社2006年版，第542页。

来整体升级。故而，新发展理念正是从发展主体、发展重点、发展原则等方面创新发展实践方式，实现压力变动力，“负面遭遇”变“正面机遇”。

从发展主体看，“创新”理念与“共享”理念的提出不仅使人民群众共享改革发展成果的意蕴凸显出来，而且也意味着调动一切可以调动的力量，实现人民“共建”之意图，以及以“创新”为核心、鼓励人民“共创”的内涵得以充分体现出来；从发展重点看，“绿色”理念与“开放”理念的提出，使“五位一体”实践总布局在落实过程中能够有所重点，即在现阶段以生态文明建设为突破口，推动中国特色社会主义实践整体发展；同时，以扩大对外开放为基本点，拉动国内改革的步伐；从发展原则看，“协调”理念的提出使得中国发展在时间（目前与长远）、空间（东部与西部、沿海与内地等）、规划（顶层设计与摸石过河等）方面有了可以遵循的原则。正是在新发展理念的引领下，中国特色社会主义实践实现了时代的升级。

三、新发展理念：中国现代性话语的当代出场

现代性作为现代化进程的内在规定性，一直以来都是世界探讨的重要课题。无论是把现代性界定为包括从世界观到政治制度的现代文明的架构（吉登斯），或是以“自由”与“主体性”为原则构建的新社会（知识）文明（哈贝马斯），抑或是一种新的思想和感觉的方式（福柯），都表明现代性概念内涵的丰富性[①]。与现代化进程的“多维面貌”相呼应，现代性理论也包含着肯定与否定的双重维度：一是充分肯定理性、自由、世俗化在现代化进程中的积极作用；二是对理性与科技推动下所产生的“虚无”状态进行反思与批判。从世界范围看，虽然从农业文明向工业文明转型的现代化历史进程已经在发达国家得以实现，但对于大多数发展中国家而言，对现代化的追寻“正在路上”。既要遵循现代化发展的基本规律（普遍性），又要避免发达国家在现代化进程中出现的诸多问题，寻求适合自身发展的路径（特殊性），已经成为发展中国家的必然选择，也是构建适合本国现代性话语的内在要求。因此，以中国社会主义初级阶段的

① 陈嘉明：《现代性与后现代性十五讲》，北京大学出版社 2006 年版，第 4-5 页。

基本国情为依据（定位），以中国特色社会主义理论体系、制度和道路为基础（定向），以“中国问题”为导向（定点），构建引导中国特色社会主义现代化的中国现代性话语成为当前重要的时代课题。正如习近平所指出的，“着力构建中国特色哲学社会科学，在指导思想、学科体系、学术体系、话语体系等方面充分体现中国特色、中国风格、中国气派”[①]。

近些年，国内学界开始逐渐摆脱西方话语的“束缚”，尝试以“中国现代性话语构建”为研究趋向，创造中国自己的话语体系。其基本路径可概括为：以“时空压缩”“领域分离”等能够反映现代化进程的概念为核心范式建构适合国情的学术话语。此研究路径能够从客观事实出发，凝练揭示中国特色社会主义发展规律的学术话语，体现了中国学界试图冲破西方学术藩篱的勇气与自信，为传播“中国声音”作出了重大贡献。但此路径也有着内在缺陷，主要表现为：其一，核心范式的概括与客观规律之间的张力较大；其二，形式创新（词语的“游戏”）多于内容创新，进而使得遵循此路径的学术研究步履维艰。故而，为了推动中国现代性话语的当代出场，应当转换研究思路，即把中国特色社会主义理论体系（包括概念、范式等）作为表达“中国现代性”的话语体系，并对其进行学术阐释以构建完整的中国现代性话语。

作为马克思主义中国化的理论成果，中国特色社会主义理论体系不仅反映着中国现代化发展的历史逻辑（历时性），而且体现出“时空压缩”背景下的现实逻辑（共识性）；不仅蕴含着科学的世界观和方法论（抽象性），而且具有指导中国现代化发展的中观和微观视阈（具体性）；不仅具有指引中国现代化发展的目标导向（规范性），而且具有直面发展问题的问题导向（批判性）；不仅关涉现代化发展过程中“物的因素”（资本、技术、市场等），而且关涉现代化发展过程中“人的因素”（精神世界、生存状态等）。故而，作为“政治话语”的中国特色社会主义理论体系能够通过学术解读与阐释成为表达“中国现代性”的“学术话语”。

---

① 习近平：《在哲学社会科学工作座谈会上的讲话》，《人民日报》，2016 年 5 月 19 日第 2 版。

新发展理念是中国特色社会主义理论体系的重要组成部分，由于其具有较高的凝练程度与较大的阐释空间，恰好可以作为构建中国现代性话语的突破口。换言之，新发展理念的提出预示着中国现代性话语的当代出场。

从时代精神的维度看，“创新”理念与“共享”理念能够抓住中国当前出现的前现代、现代与后现代境遇相互交织的复杂情景，既提出实现理性启蒙（科技创新）对生产力发展的推动作用，又能够前瞻性地看到盲目推进理性主义所可能出现的“世界图像化”与“精神虚无化”的风险以及贫富差距过大所造成的“少数人享有”问题。从生存状态的视角看，“绿色”理念与“协调”理念充分体现了对人的关注。“绿色”理念不仅描绘了人与自然之间的和谐状态，而且深刻批判了“科技至上”观念使人忘却了“存在之家”并处于“异化生存”的现实，同时指出一种“主客融合”的生存境遇与文明状态。而“协调”理念不仅强调资源在各地区与各领域的平衡性，而且也蕴含反思与批判资本逻辑所造成的人与人、人与物之间紧张关系进而重构主体间性的意图。从价值实现的方式看，“开放”理念内在蕴含着“包容性”实现价值的方式。统合国内市场与国外市场的开放理念，即“坚持对外开放，充分运用人类社会创造的先进科学技术成果和有益管理经验”①，充分体现了在经济全球化背景下，突破“文化冲突论”的传统思维，代之以“文化融合论”，即以中华文明为本体包容并融合其他文明精髓的趋向。诚然，“包容性”也意味着要守住底线，维护本国文明的根基。

① 习近平:《在省部级主要领导干部学习贯彻党的十八届五中全会精神专题研讨班上的讲话》，《人民日报》，2016 年 5 月 10 日第 2 版。

第三章

教学感悟与研究心得

- 以“互联网思维”促进大学生思想政治教育改革与创新
- 大学生对《习近平谈治国理政》研读现状研究——以燕山大学学生为例
- 高校思想政治理论课教学改革应处理好“十大关系”

以“互联网思维”促进大学生思想政治教育改革与创新[①]

随着2009年微博的出现、2011年微信的诞生、2012年“慕课”的上线、2013—2015年APP的爆发式增长等，互联网塑造了全新的社会生活形态，深刻地影响着人们的生活方式和思想观念，也使得当前高校思想政治教育面对着全新的教育环境与教育对象。对于“网络式生存”的大学生群体，当前高校思想政治教育面对的最大现实性难题就是：如何同互联网争夺学生。触屏可及的海量信息、即时传达的新闻资讯、多姿多彩的视听资源、引人入胜的游戏世界……其对大学生的亲和力和吸引力不断增强，为高校思想政治教育工作者提出了严峻挑战。如果高校思想政治教育工作者还是在固守于“以不变应万变”“老办法解决新问题”，“旧瓶装新酒”，则势必会出现教育部部长陈宝生同志所指出的“配方陈旧、工艺粗糙、包装不够时尚、缺少亲和力”的问题。这一现状亟待高校思想政治教育工作者高度重视和努力扭转。

2017年2月，中共中央、国务院印发的《关于加强和改进新形势下高校思想政治工作的意见》中指出：要“坚持改革创新，推进理念思路、内容形式、方法手段创新，增强工作时代感和实效性。”“要加强互联网思想政治工作载体建设，加强学生互动社区、主题教育网站、专业学术网站和‘两微一端’建设，运用大学生喜欢的表达方式开展思想政治教育。”这些意见为当前我国高校思想政治教育运用“互联网思维”推进改革与创新提供了理论指南和方法论指导。

一、“互联网思维”的内涵与特质

“互联网思维”最早是由百度创始人李彦宏提出的：“我们这些企业家们

① 作者：刘永志，燕山大学马克思主义学院教授；王媚，燕山大学马克思主义学院副教授。此文发表于“中国社会科学网”，题名为《以“互联网思维”促进大学生思想政治教育工作创新》，网址为：http://www.cssn.cn/sxzzjypd/sxzzjypd_bwsf/202001/t20200103_5070344.html?COLLCC=547422502&，收录时略有改动。

今后要有互联网思维，可能你做的事情不是互联网，但你的思维方式要逐渐用互联网的方式去思考。”从一般概念上讲，互联网思维就是在互联网、大数据、云计算等科技手段的支持下，运用互联网的技术和方法来思考，利用互联网的规则和机会来创新，发挥互联网的精神和价值来思考。与传统的单向度、两元思维不同，互联网思维强调多维度，强调事物的复杂性、整体性以及各要素之间的联系和互动。互联网思维包含着开放心态、好奇心、独立性、自信、坚持性、元认知等许多积极的思维特质，这些思维特质融合交织构成互联网思维的五大核心思维：用户思维、简约思维、社会化思维、平台思维、跨界思维。这五大核心思维在互联网时代推动经济社会发展和人的思维方式革新方面起到关键性的引领作用，也为当前高校思想政治教育改革与创新提供了新的视角和思路。

二、“互联网思维”与大学生思想政治教育

应当说当前我国高校在利用互联网改进和创新大学生思想政治教育方面都取得了可喜的成绩，互联网技术应用在推进大学主旋律教育和主阵地建设方面也取得了很多显著效果，然而深入实际来看，当前高校网络思想政治教育中仍存在的“两层皮”和“一头热”的现象。“两层皮”现象突出表现为思想政治教育的网上和网下的衔接密度、融合程度，相互支撑的力度和效度不高；而“一头热”现象突出表现在思想政治教育中对互联网技术的过度应用使得技术层面的趣味性、娱乐性、观赏性超过了思想理论教育本身的科学性、理论性和意识形态性。造成这两种现象的根本原因在于高校思想政治教育对于互联网在定位上仍然停留在“技术应用”层面而非“价值认同”层面，在实践上则难免与“网络化生存”的新一代大学生在思想、思维、情趣、话语等方面产生疏离与隔膜，导致“针对性”和“亲和力”不高的问题出现。

作为一种开放式的思维，互联网思维更加强调对象主体性（用户至上）、可参与性（交流互动）、可理解性（直观简约）、可合作性（跨界平台）等方面，与传统思想政治教育相比，互联网思维要求思想政治教育要更加贴近网络时代学生学习和生活实际，更加关注学生的思想、情感和心理诉求，主张教育主客体在网络上平等交流，倡导开放兼容、共建共享，这与当前学生主体性发展需

求以及思想政治教育现代化目标高度契合。

可以说，应用和实践互联网思维推进高校思想政治教育改革与创新，是解决上述“两层皮”和“一头热”问题，提升面对网络新生代大学生思想政治教育的针对性和亲和力的可取之法。就当前的形势而言，我们一方面要继续推进互联网技术与思想政治教育的深度融合，实现网上与网下教育的紧密衔接；另一方面，也是更需着力做的，就是要引导思想政治教育者在应用互联网技术的基础上，深刻理解和实践互联网的理念、价值与精神，推进高校思想政治教育从模式、形式、方式等方面进行系统性的改革与创新；同时，要对高校思想政治教育的环境与对象做出网络化思考，充分重视和发挥互联网技术对思想政治教育的积极效用，也要注重限制和解决其所带来的不利效果和影响。

三、运用“互联网思维”推动大学生思想政治教育改革与创新

以“互联网思维”促进大学生思想政治教育改革与创新，就是要对网络时代的思想政治教育的教育环境和教育对象的新特点作全面而深入的考察，将互联网思维某些特质应用于思想政治教育改革实践中，坚持问题导向，着力提升其针对性、时效性和实效性，为了达成此目的，我们应从以下几个方面努力：

1. 提升“价值认同”，使广大高校思想政治教育工作者重视“互联网思维”，理解“互联网思维”，适应“互联网思维”，运用“互联网思维”。高校思想政治教育工作者一方面应逐步走出对互联网定位上限于“应用技术”层面的理解，通过系统化、专题化的培育教育和自我学习，深刻理解互联网思维的特质、作用和价值，掌握其应用于高等学校教育的方式，对具体的融合方式与实践有更为科学的思考；另一方面要结合各自部门的校情、生情实际，掌握网络环境下大学生的学习方式、生活方式、思维方式以及交往方式方面的变化，提升网络环境下大学生思想活动的独立性、选择性、多样性、差异性的理解力，同时要加强自身的调适能力，既要重视教育对象知识体系的形成与认知观念的接受，也要注重互联网思维价值观的普及与涵养的提升。

2. 借鉴“用户思维”，确立“以学生为中心”的高校网络思想政治教育的理念、模式与方式。纠正以往思想政治理论课网络教学上存在的“被动式”“简单

化”“形式化”的弊端以及网上与网下融合上的“两层皮”“一头热”的不足，进一步促进思想政治教育由“以教师为中心”向“以学生为中心”的转变，以提高思想政治理论课的吸引力和实效性为着眼点，聚焦当前大学生个性化的思想、情感和心理需求，依托高校思想政治理论课主渠道教学，开辟多渠道和多样化的网络教学第二课堂，利用互联网新媒体工具，推动传统教学与网络教学的有机融合，在理念、模式、方法、机制以及队伍建设上进行系统化的改革与尝试。

3. 应用“平台思维”和“社会化思维”，加快网络思想政治教育平台与资源整合，在全局层面实现思想政治教育资源利用效应最大化。互联网上的海量信息资源，多样化的平台资源，都是可为当前高校思想政治教育所用的有益教育资源，高校思想政治教育首先应学习互联网思维中的平台思维与社会化思维，打破各自为战的“一亩三分地思维”，要敢于并善于将传统渠道与网络平台以及不同网络平台中的教育资源进行优化整合，实现不同平台间的有效链接，例如对于某些开发和利用较为成熟的网络课程资源与平台、网上课堂系统等，可以采取拿来主义策略，不追求完全自主开发或者推倒重建，实现教育资源集约利用。其次，应学习和应用互联网思维中的社会化思维，放弃传统的“界别思维”和“小圈子思维”，进行扁平化的顶层设计，创设特色鲜明、参与度高、应用范围广的网络思想政治教育工作品牌，借助社会化的网络传播、口碑营销或朋辈教育，让更多的大学生网民主动接近、积极接受，实现教育主体与教育客体的共建共享。

4. 实践“跨界思维”，发挥多主体、多渠道思想政治教育的育人合力。高校应提供平台，创新机制，要让学生最服气的人来讲思政，要让学生心目中的榜样来讲思政。要为在革命、建设和改革中作出了重大贡献的人、在各行各业取得了杰出成就的人、有良好学术声望的名师名家等走进高校思政课堂提供机会和条件。这样的人，学生才服气；这样的人讲思政，才有说服力。他们往讲台上一站，就是马列主义和社会主义核心价值观的形象代言人。他们取得的成就、人生的阅历，就是一堂鲜活的关于中国故事、中国成就的思政课。同时，大学的校长和书记作为意识形态主阵地的旗手，也应该下到课堂去讲授思政课，要努力成为思政课的教学名师，成为学生眼里践行社会主义核心价值观的榜样楷模。

就网络思政而言，应构建大学生校园网络群体、网络组织间联动机制，凝聚大学生网络精英团体，创建“网络精英—意见领袖—网民群体”的发散、多维、立体的网络格局。建立网上网下思想工作联动机制，融社会主义核心价值体系教育于“两课”课程及相关专业课程教学与校园文化活动，推动课堂教学与网络教学相结合，理论教学与实践教学相结合，第一课堂与第二课堂相结合。以重大事件为契机，以网络共议实现价值澄清，以师生间的平等开放的网络对话，交流思想，解疑释惑，启发思考，凝聚共识，烘托主旋律，激发正能量。

高校教育部门应积极联合网络技术部门研发反映我国社会主义意识形态的网络产品，可以开展有偿服务，借助商业网络公司技术力量建设一批集知识性、思想性、趣味性、服务性于一体的主流意识形态宣传网站，做好正面引导；另外还可以通过与网络运营商和产品开发商开展项目式合作，积极开发反映社会主义核心价值观取向且为广大学生网民所喜闻乐见的网络文化产品，诸如网络新闻、网络视频、网络广告、网络文学、网络游戏、网络音乐、网络动漫、网络短信等，实现思想与技术的深度融合，寓教于乐、寓乐于教，不断扩大社会主义意识形态在校园网上的辐射面和影响力。

5. 以“简约思维”加快思政话语方式的转变，使高校思想政治教育话语表达更加“网络化”。高校思想政治教育工作者应创造与整合带有互联网思维内涵和取向的，且具有简单化、符号化、抽象化特征的教育教学信息，话语表达要更丰富、多样，根据现实环境的变化不断完善思想政治教育话语，将理论术语与现实生活话语有机结合，将灌输引导过程中晦涩、抽象的术语表达简单化，用普通大众可以理解和易于接受的话语表达出来，实现由单纯抽象理论灌输向直面实际生活转变。并且切合大学生网民对信息包装、传播形式的审美要求，以及大学生网民群体间通行的网络语言形式开展网络传播；同时更要对焦社会思潮传播的新特点，增强教育内容的“故事性”，找准大学生情感的共鸣点，营造平等对话交流的文化氛围，体现出思想政治教育“育人为本”的亲和力。

为此，高校要注重培养和组建既懂马克思主义与思想政治教育理论，又懂网络技术、能够熟练使用各种网络通信工具的复合型教师队伍，汲取与借鉴网络语言的积极因素，开发并运用思想政治理论课自身的“网语体系”，通过大学生群体所喜闻乐见的话语风格与表达形式，找准理论宣传与现实生活的结合点，掌握开展网络教育教学的“网语体系”，使其有效融入大学生网民的“交往话语”之中，并且遵循网上活动规律，实现与各种网络通信工具接入终端的深度融合，开展形式多样、广泛深入的社会主义核心价值观隐性教育，实现对广大学生网民的浸润和熏陶，春风化雨、润物无声。

大学生对《习近平谈治国理政》研读现状研究
——以燕山大学学生为例[①]

习近平总书记在全国高校思想政治工作会议上指出，高校思想政治工作关系高校“培养什么样的人、如何培养人以及为谁培养人”的根本问题。高校及其教育工作者要始终把立德树人作为教学工作和管理工作的中心环节，深入推动高校思想政治工作的常态化与制度化，并贯穿教育教学的全过程，从而实现全程育人、全方位育人的教育目标。2018 年春季学期，燕山大学面向全校研究生开设了《习近平谈治国理政》（第一、二卷）研读课，作为研究生思想政治理论课的一个重要组成部分。这一课程的开设对研究生政治理论素养的提升、思想价值观念的引导无疑起着不可替代的现实作用，向全体高校学生开设和推广这一课程具有很大的现实意义。

一、研读《习近平谈治国理政》的现实要求

研读《习近平谈治国理政》的必要性。高校大学生既是中国特色社会主义伟大事业的建设者，也是民族复兴的生力军，迫切需要正确的理论成果武装头脑。当前，高校大学生的思想越来越呈现出多元化的趋势，这就越发需要发挥科学理论的导向作用。所以向全体高校学生开设《习近平谈治国理政》课，对坚定大学生的理想信念，增强其抵御各种非马克思主义思潮尤其是错误思潮侵蚀的能力具有很强的现实针对性。同时，它也是实现理论体系向教材体系转化、教材体系向教学体系转化、知识体系向价值体系转化的关键。

研读《习近平谈治国理政》的可行性。当前，关于深入学习和研究《习近平谈治国理政》课，已经不再停留于学术探讨层面，早已从理论走向实践。前期新修订的四种高校思想政治理论课教材已经修订完毕并投入使用。研究生在

---

① 作者：刘东锋，燕山大学马克思主义学院硕士研究生。此文发表于《法制博览》2019 年第 5 期，题目为《高校大学生对〈习近平谈治国理政〉研读现状及其对策——以燕山大学为例》，收录时略有改动。

大学本科已经学过这四门课程，对思政课的相关内容有了一定的认识和理解，但也不能忽视习近平新时代中国特色社会主义思想的全新应用，需要高校教师和研究生共同铸好学习的“同心圆”，用新思想传达新知识，用新知识指导新实践。

二、研读《习近平谈治国理政》的现状

通过一个学期治国理政课的学习，从总体上来看本课程取得了较为理想的预期效果，学生对习近平总书记关于治国理政的新思想、新战略、新举措有了更加深入的认识和理解，有效提升了研究生的马克思主义理论水平和政治素养。与此同时，大部分研究生对本课程的学习表现出较高的满意度和认可度。但在做助教以及对其他助教的调查研究中也发现当前高校大学生在学习治国理政课的时候还存在一些有待改进的问题。

一是课程参与程度相对偏低。作为硕士研究生的一门必修课，按时上课并做好课堂笔记应该是其日常学习的基本要求，从课堂的出勤率来看，部分院系的学生并不能自觉地做到这一点。出现此种情形的原因，不外乎专业契合度较低、学习兴趣不浓厚等，但学生对本课程的认识不足却是诸多原因中的主要因素。

二是教师的教学方法和教学体系有待改善。在授课的整个过程中，由于授课时间紧、授课内容比较多，部分教师存在满堂灌输的教学方式，从授课的方法来看略显单一，而这种情况的存在是客观原因所限。

三是教学内容和教学环境还有很大的提升空间。治国理政课的讲授相对偏重于理论阐释，内容多涉及当前的形势与政策、国内外共同关注的时事热点，而授课对象既有人文学科的研究生，也有自然学科的研究生，相对于理工科的学生而言，一些教学内容可能不适应其学习和发展的需要，对其学习专业知识的帮助较小。另外，在日常的教学环境中，没有良好的政治环境为治国理政课的实施提供基础和保障，也未能创设鲜活的校园环境支撑治国理政课的开展，更没有积极的社会舆论环境加以引导。

三、提高大学生研读《习近平谈治国理政》热情的途径

当前，硕士研究生关于《习近平谈治国理政》课的学习质量整体上是值得肯定的，在今后引导大学生深入研读的教学实践中还应该进一步加强和深化。同时，针对存在的一些问题也要及时地进行解决。

（一）要充分发挥学校的主体作用

首先，高校党委要从思想上认识开展《习近平谈治国理政》课的重要性，要把此项工作作为高校思想政治工作的重中之重，确保各级领导承担起相应的职责，促使此课程落实落好。其次，学校要为此课程的开展提供充分的准备。中国特色社会主义进入新时代，对思政课教师的要求也有了更多的提高。学校要给予及时有效的投入，提供更多的培训机会以及设置专项经费，为一线教师深入社会实际、提升实践教学水平提供更多保障。再次，学校要积极开拓第二课堂和“慕课”建设。以燕山大学马克思主义学院为例，除了日常的思政课教学外，还设有读书会、红色影院和红色旋律讲坛，其中红色旋律讲坛的学生参与程度高，影响力度大。通过红色旋律第二课堂的开设，为学生获取知识提供了更好的平台。同时，在治国理政授课过程中，学校采取了线上线下两种模式，在线下有教师的面授讲解，在线上有专门的老师负责答疑解惑，不仅方便了学生学习，还提高了教学效果。

（二）完善习近平新时代中国特色社会主义思想“三进”工作的教师队伍建设

在高校，思想政治教育理论课教师是进行《习近平谈治国理政》课的直接实施者，也是学生学习习近平总书记治国理政思想最直接的参照。要实现《习近平谈治国理政》课的预期目标，完善思政课教师的师资队伍建设和整体素质的提高是关键环节。首先，高校思政课教师要有坚定的理想信念，能够时刻做到“学马、信马、用马”，对学校开设的关于马克思主义理论类的相关专业知识要做到熟知、真知和深知，还要善于把政治术语大众化，用学生喜欢的语言讲述出来，只有这样，才能准确地向学生传授相关内容。其次，在课堂教学能力方面要全面加强。尤其是教学体系的设计上，在如何把握教学的重点和难点

问题、如何选取学生所关注的时事热点问题上，需要授课教师从整体上把控，并运用案例教学法、讨论教学法等多种教学方法，充分调动学生的学习兴趣和热情，提高他们的积极性和主动性，加强与学生的互动交流，让整个课堂变得生动活泼。与此同时，思政课教师要注意语言的艺术性，对于不同院系专业的学生，要着眼于学生的实际情况，有针对性地开展教学任务，不能盲目地、教条地完成任务。

（三）注重对学生政治观念的指引

硕士研究生相比于本科大学生在认知程度、思想观念和行为方式上都有了很大的提高，因此要成为学习理论知识的自觉者和先行者。首先要读原著学原文，学而思，融会贯通。了解习近平总书记关于治国理政的实践经验和思想观念，最直接有效的方法就是深入研读《习近平谈治国理政》（一、二卷）这两本专著。在阅读中要对重要章节和重点内容做到精读熟读，而且应该深思熟虑、融会贯通。其次要坚持以问题为导向，学而信，武装头脑。《习近平谈治国理政》两本书内容广泛、思想深刻、见解独到，是当前高校学生学习党的理论课的必备教材。高校大学生作为青年的主力军，要充分学习习近平总书记对青年大学生的谆谆嘱托和成长引领，坚定马克思主义理想信念，树立崇高远大的理想抱负，在党和国家的关怀下，在践行社会主义核心价值观的实践中放飞青春梦想。最后要坚持理论联系实际，学而用，指导实践。道不可坐论，德不能空谈。学以致用是古今中外众多学者的选择，也是学习的最终价值追求。在研读的过程中要坚持从自身实际出发，从自身的社会经历、生活体验着眼，学会理论与实践的相互转化。

高校思想政治理论课教学改革应处理好“十大关系”①

近年来，不断推进教学改革日益成为高校思想政治教育工作中不可缺失的重要环节。究其原因在于：在国际上，随着2008年金融危机影响的愈加深入，某些西方国家为了在国际竞争中抢占先机，不仅在经济方面对中国采取贸易壁垒，而且以“棒杀”方式对中国进行意识形态攻击；在国内，随着中国整体转型升级进入攻坚时期，前期积累之旧问题与发展所遇之新问题呈现交织缠绕的态势，客观上为“唬必中国”的行为提供了素材；同时，与新媒体所衍生的新型宣传模式相比，传统思想宣传方法已经呈现颓势，不能满足人们（尤其是青年学生）的思想诉求。概言之，多种因素的叠加效应，使中国意识形态领域的安全问题成为亟待解决的重要问题。这就要求作为维护意识形态安全重要阵地的高校思想政治教育要顺应时代发展大势，满足国家战略需要，不断推进教学方法的改革与创新，使马克思主义意识形态能够入脑入心，进而实现凝聚社会共识的重要功能。正如习近平总书记在2016年全国高校思想政治工作会议上明确指出的，“高校思想政治工作，要因事而化、因时而进、因势而新”。

回顾近些年高校思想政治课教学改革的实践过程与成果，可以发现：一方面，在相关部门的大力支撑下，教学改革取得了可喜的成绩，涌现出一大批富有时代朝气的教学改革成果（如脱口秀、网络慕课、新媒体平台的推广等），增强了思想政治课程的吸引力；而另一方面，改革过程中也出现了令人担忧的倾向，如片面追求形式的“新”而忽视内容的“实”的“形式化”、过多强调学生的主体地位而忽视教师的主导作用的“媚俗化”、只是强调实践教学效果而忽视

① 作者：陈步伟，燕山大学马克思主义学院副教授。此文发表于《扬州大学学报（高教研究版）》2018年第1期，题目为《高校思想政治理论课教学改革应处理好“十大关系”》，此文也是《中国共产党人的问题意识》（燕山大学出版社，2018年）一书中的部分内容，收录时略有改动。

话语逻辑魅力的“浅薄化”，等等。概言之，如何使教学改革真正达成实质目的同时避免改革中出现的负面倾向，是当前亟待解决的重大课题。故而，本文提出推进教学改革应以统筹兼顾为基本方法，协调处理涉及教学内容、教学方式与教学理念等领域的“十大关系”。

一、教学为主与科研为基

随着对高等教育功能认识的不断深化，破除“唯科研论”的思想束缚，回归“教学本位”的价值导向，已经成为高等教育管理改革的重中之重。而对于思想政治教学改革而言，顺应高等教育发展需要，增强教学的时代性与实效性，也成为马克思主义理论工作者承担的历史责任。但近年来，高校思想政治教学改革所出现的又一偏向值得警惕，即轻视科研工作。其表现包括：片面注重教学形式的完善（如课件的精美、案例的生动等），忽视理论逻辑的完整、深入与准确；轻视或是排挤科研工作者，从职业道德上对其进行批判；认为科研是“化简为繁”的工作，对教学没有帮助，等等。此现象对思想政治教学会产生持续的负面影响：一方面，对于教学效果而言，缺失逻辑严谨性的理论授课不是“彻底”的理论，也难以服众；另一方面，对于思想政治教育的形象而言，只是以生动性为主的教学缺少理论规范性，以致其具有的专业化形象严重受损，进而难以获得社会认同。

从本质上看，思想政治教育具有双重属性：一方面，作为高等教育的重要组成部分，它遵循着学科发展的一般规律，即要探究隐藏在事物背后的规律；另一方面，作为维护意识形态安全的重要阵地，它承担着宣传马克思主义理论使之入脑入心的重要使命。因此，“教学为主，科研为基”是对其学科功能与定位的最佳描述，即在明晰理论内涵与客观规律的基础上传播马克思主义话语。但在实际工作中，只强调教学的重要地位而忽视科研的基础与支撑作用的倾向，一直以来都是笼罩在思想政治教育领域的“阴霾”。而回归“教学本位”的改革导向，恰好又成为某些人堂而皇之地忽视科研工作的重要“托词”。这也是近些年出现上述改革偏向的重要原因。故而，要从价值定位、机制重构与人才培养三个方面共同发力，进而实现思想政治教育领域内教学与科研的良性互动。

首先，要明确思想政治教育科研的价值定位，即要使科研既服务教学（研究教育发展规律）、服务学生（研究身心发展鼓励），又要服务社会（研究社会发展规律）；其次，要加强相关机制的顶层设计，鼓励思想政治教育的科研与教学的相互融合与相互促进；再次，要实现教师的专业化与学者化。要鼓励思想政治教育工作者深入研究科学理论，诞生出既适合中国国情又能够有影响的学术成果，重建思想政治教育的专业形象。

二、教师主导与学生主体

“教师主导，学生主体”是20世纪80年代教育学界提出的经典公式，其表达的是在教学过程中教师与学生的地位与功能定位，在教学改革与实践中产生极大影响。当前，高校思想政治教育改革也以此公式作为基本原则，以探索激发学生积极性的教学模式。因此，重新完整理解经典公式的内在意蕴，以规避改革过程中可能出现的诸多偏向有着重大的现实意义。

“教师主导，学生主体”是一种简化说法，其完整表述应是“教师主导，学生被导；学生主体，教学内容客体”①。其理论要点包括：其一，教师的主导是学生发展的重要外因。教师的主导是为学生“学”而服务的引导，其既不是强制向学生灌输理论以展现教师权威的霸权导向，也不是一味迁就学生的兴趣和爱好的庸俗导向，而是在尊重学生主体地位的前提下，为其发展提供必要的辅助。值得注意的是，良好的辅助只是学生发展的外因，而依靠自身的意志和努力是起决定作用的内因；其二，学生的主体是教师主导之下的学习教学内容（客体）的发展主体。在教师的主导下，学生能够自主、准确、完整掌握教学内容（甚至实现再创新），以提升自身的素质，进而实现全面发展，是学生主体地位的本质体现。同时，学生能力的提升是教师教学的重要参考系。故而，教师要根据学生素质发展的境况，重新反思与调整教学内容，以提升教学实效，也是学生主体地位的重要映射。值得注意的是，学生的主体地位并不意味着教师的客体地位，更不等同于学生是教师谄媚的对象，其所体现的是教师与学生在平等

① 刘继萍：《“教师主导学生主体”：一个经典公式正当性的论证》，《北京师范大学学报（社会科学版）》，2015年第4期，第25-33页。

语境下的主体间性，即在主体间沟通中实现对教学内容（客体）的掌握。

如果以此为分析框架反观当前高校思想政治教学改革，潜在的问题便得以揭示。第一，思想政治教学改革没有真正遵循“学生主体”原则。主要表现在：其一，改革虽然在教学形式上采取多种措施以激发学生的兴趣，但若是以完整掌握理论内容（话语体系）与提升理性批判反马克思主义思潮的能力为衡量标准，学生的主体地位并没有体现（因为没有掌握客体）；其二，改革虽然采取了多种富有时代性的教学手段以适应网络时代下成长起来的学生，但若是以教师对学生素质提升境况进而调整教学内容为衡量指标，学生的主体地位依然没有体现（因为没有看到学生思维能力的大幅提升以增加理论的深度）；其三，改革虽然在一定程度上激发了学生的兴趣，但却没有培养其对理论探索的攻坚意识与毅力，故而学生的主体地位依然没有体现。第二，思想政治教学改革没有真正体现“教师主导”原则。主要表现在：改革虽然强调教师在课堂教学中的辅助作用，即不能“满堂灌”，却忽略了教师对教学内容的管理与引导作用，致使教学“媚俗化”现象层出不穷，没有真正体现教师主导。

因此，真正以“教师主导，学生主体”所蕴含的教育理念为基本遵循，应当成为当前高校思想政治教学改革的基本原则。这就要求，一方面，相关教育部门要深入理解“主导”与“主体”的内涵，正确厘清教师与学生之间的关系，进而制定相关制度以把握改革方向；另一方面，作为教学过程中的“双主体”，教师与学生都要明晰自身所处之地位，让思想政治教学真正回归“教”与“学”的本位。

三、知识导向与能力导向

传授知识与提升能力，是高等教育工作所要完成的两大基本目标，也是思想政治教育教学工作的主要着力点。按照教学内容的倾向性，可以把强调基础理论、基本话语和基本思维的思想政治教学方式称为“知识导向型模式”，而把突出实践能力、探索能力和批判能力的思想政治教学方式称为“能力导向型模式”。近年来，随着人们对思想政治教育工作认识的不断深化，“能力导向型模式”逐渐成为教学改革的发展趋向，而探索提升政治认同、鼓励实践参与、培育反思能力的教学模式，以代替传统知识导向型模式，也逐渐成为高校思想政治教育改革的主要任务。无论是从马克思主义理论的本质要求（“改造世界”）或是思想政治教育的根本宗旨（实现人的全面发展），抑或是国家发展的客观需要（培育创新型人才）来看，此项改革都有着客观合理性。值得注意的是，强调能力并不意味着忽视知识，而是要以实践为契机，激发学生的实践积极性与探索理论的求知欲，进而有的放矢地学习相关理论，进而提升实践能力。但在教学改革过程中，片面强调提升能力而忽视（甚至回避）知识体系传播的倾向在部分高校开始显露。无论是在课堂上过度解读实事（美其名曰“培养反思能力”），忽视理论体系的完整性，还是过分强调“道德实践”的重要性，甚至以“做善事”来代替理论教学，都是其重要佐证。此行为不仅没有为思想政治教学树立典型，而且使教学改革的科学性受到质疑。

之所以出现此类倾向，根本原因在于：没有认识到传授知识与提升能力的内在统一。只有以知识为基础，探索隐藏在现象背后的规律，进而才能按规律办事，提升“改造世界”的能力；也正是由于能力的不断提升，相对于主体的客体广度和深度才得以不断延展，新的现象及背后规律才能为人们所发现和探究，进而完善相关知识体系。相反，如果人为割裂两者之间的联系，“非此即彼”地偏重任意一方，都是对思想政治教育教学改革的初衷和宗旨的背离。因此，协调两者关系，实现知识导向和能力导向并重的教学改革，才是当前思想政治教育教学改革的基本路径：一方面，通过传授相关知识体系以使学生能够理性把握事物的客观规律（知识导向），进而按照事物的本质逻辑进行有目的性的实践，使之达到提升能力的目的（能力导向）；另一方面，引导学生总结实践经验，并上升到理性认知高度，进而完善相关理论体系（知识导向）。简言之，形成“知识—实践”的互动循环教学模式，以实现“认识世界”与“改造世界”的统一。

四、内容严谨与形式灵活

在高等教育教学中，任何理论与知识的传授，都会遇到如何将枯燥的内容以灵活的形式表现出来的难题，马克思主义理论的宣传更是如此。由于马克思主义理论在国内教育中的系统设置与独特地位，使得高校学生在接受相关理论时感觉其话语“似曾相识”，以致对其兴趣索然。故而，在高校，思想政治教育探索的一个重要课题是如何采取灵活多样的形式“包装”理论以增强吸引力。例如情景教学的使用就是其重要范例。所谓情景教学，是指使受教育者能够融入所预先设定的宏观与微观环境中，进而对其进行道德熏陶与教育的模式，具体包括情景剧表演、人物访谈、脱口秀等。富有时代气息的诸多灵活形式的出现，使思想政治教育焕发出生机与活力，更容易获得受教育者的认同。

事物的发展往往伴随着代价的出现。随着思想政治教育在探索形式灵活性方面投入资源的日趋增强，授课内容的准确性、逻辑的严密性与话语的专业性方面，即理论的严谨性，反而受到忽视。唯物辩证法表明，内容决定形式，任何形式都离不开丰富的内容，而缺少内容实质的形式只是虚幻的“外衣”。故而，只是片面强调形式灵活性的思想政治教学改革如今逐渐显现出“庸俗化”“娱乐化”的倾向。这也成为近年来社会与学界反思的重要问题，即思想政治教育不能只是一场“秀”。因此，增强理论的严谨性，突显话语的魅力，应当成为思想政治教学改革中不能忽视的重要一环。马克思曾明确指出：“理论只要说服人，就能掌握群众；而理论只要彻底就能说服人。”[①] 作为划时代的话语体系，马克思主义理论自诞生之日起就与囿于书斋之中的形上之学划清了界限，其内在逻辑起点（现实中感性的人）、理论旨趣（改造世界）与价值取向（人的解放）都映射出易于深入人心的独特属性。正如列宁所说，马克思主义理论“比其他一切理论都更深刻更正确的确定工人阶级受苦受难的原因”[②]。因此，从理论的逻辑出发，详细分析命题提出的历史背景与内在意蕴，进而联系现实启示，不仅能够真正展现马克思主义理论在当代的独有价值，而且也更容易激发受教育者的理性认同。诚然，注重内容的严谨性不仅是要放弃形式灵活性的探索，而是要实现两者的统一，不可顾此失彼。

---

① 马克思，恩格斯：《马克思恩格斯文集》第一卷，人民出版社 2009 年版，第 11 页。

② 列宁：《列宁选集》第一卷，人民出版社 2012 年版，第 328 页。

五、“第一课堂”与“第二课堂”

相对于大学生思想政治教育的传统平台“第一课堂”而言，“第二课堂”（也称为“实践教学”）是指在传统教学之外，学生参与校园活动与社会实践活动以提升自身素养的方式总称。从本质上看，“第二课堂”把思想政治教育融入日常生活实践之中，使其处于有形教育与无形教育之间，极大扩展了教育的时空界域与信息含量，在素质的全面提升、思想交流与互动、拓展视阈等方面具有明显优势。故而，探索创建“第二课堂”的新模式，日益成为近些年高校思想政治教育改革的重点领域，并诞生出诸多创新成果，为提升教学实效性提供重要支撑。但随着改革的日益深入，新的问题也逐渐显露：用实践教学代替课堂教学的趋向在各大高校愈演愈烈，即片面强调实践活动的重要性而忽视理论认知的价值性。无论是允许用实践教学分数大幅度顶替课堂教学分数，或是注重实践教学的设计而忽视课堂知识的传授，都是其重要表征。此趋向所造成的负面影响甚是严重：不仅使思想政治教育的专业性与权威性大幅降低，而且也会使受教育者对马克思主义理论的认知出现严重偏差，即认为其不具有理论逻辑性，进而对其学习产生消极情绪。故而，消除“第二课堂”探索与建设中出现的偏差，重构课堂教学与实践教学的良性关系，应当成为当前教学改革的重要课题。

首先，增强课堂教学的价值引导功能。从理论上看，“第一课堂”与“第二课堂”之间的良性关系应当是以“课堂教学为主，实践教学为辅”，即在理论知识系统讲授的基础上，在社会主义核心价值观的指引下从事相关实践活动，进而增强社会责任感与国家认同感。因此，在课堂教学中，要加强对国家政策与实践行为的价值导向解读，树立正确的世界观、人生观与价值观，进而引导学生参与到社会主义建设中来，为实践教学做好理论准备。其次，增加实践教学的理论反思环节。理论来源于实践。只有在实践活动中不断反思，才能逐渐接近真理。故而，在实践教学活动之后，增加理论反思与质疑环节，不仅体现出学生主体的教育理念，有助于激发学习兴趣，而且也映射出实践教学对课堂教学的促进作用。再次，完善相应管理机制，实现两者无缝对接。要实现课堂教学与实践教学的良性互动，进而形成全方位育人的“大教育”格局，就需要完善相关管理机制，使各级机构形成合力，进而在资源配置、教学监督、教育服务等方面发挥实效。

六、传统授课与“慕课”

随着互联网技术的飞速发展与广泛普及，网络逐渐以“嵌入”的方式融入并影响着人们的日常生活。尤其在信息获取方面，虚拟网络以其便捷性、效率性、丰富性、广泛性等优势逐渐成为人们共享资讯的主要平台，彻底颠覆了传统信息交流的方式。故而，为了顺应时代发展需要，实现思想政治教学的网络化已经成为高校着力探索的重要课题。“思政慕课”的出现与推广正是其实践的重要成果。

作为网络时代的新生事物，“慕课”（MOOCs）以其学习内容的丰富性、学习方式的灵活性（自主性）与信息反馈的及时性等优势，迅速席卷全球教育领域，被誉为“印刷术发明以来教育最大革新”。有学者指出，“慕课”之所以能够获得成功，其根本原因在于能够“通过问题层次细化，形成教学问题链，建立‘微课程’教学的问题逻辑体系”①。而在国内，“慕课热”也开始在思想政治教育领域席卷开来。诸多知名高校都在“思政慕课”领域展开实践与理论的探索。但从现有的反馈信息看，效果并不尽如人意。

冷酷的现实促生了理性的反思。我们认为，首先，“慕课”是一种优秀的辅助手段，但它不能代替传统的课堂教学。从本质上看，“慕课”是一种教学情景的重构方式，即在时空维度上，改变刻板封闭的教学时空为灵活开放的授课时空；在教学内容上，改变冗长的课堂教学设计为简洁的“微课”系列设计；在教学方式上，改变缺乏“问题导向”的传统“满堂灌”为“线上学习，线下讨论”的针对性学习方式；在教学语境上，改变真实课堂上的“差等语境”为网络空间中的“平等语境”；在教学主体上，改变兴趣索然的受教育者为富有反思精神的求知主体。简言之，作为教学辅助手段，“慕课”在一定程度上能

---

① 李梁：《“慕课”背景下思政课教学改革的问题逻辑视角》，《中国高等教育》，2014 年第 2 期，第 37-39 页。

够激发受教育者的兴趣，进而增进教学效果，但它并不是“万灵药”，即不能完全代替传统课堂中活生生的教师与学生之间的互动与沟通。在课堂教学中，教育者可以根据学生的表达（包括语气、神态等）灵活调整授课内容，进而实现引导；同时，教育者在课堂中表现出来的良好素养与激情也能感染学生，进而起到“身教”的效果。而这些都不是冷冰冰的视频材料所能表现出来的。其次，思想政治教学所遇到的独特情景也并不适合采取“慕课”模式。其一，由于学生对思想政治理论的兴趣索然，很难保证学生自觉提前线上学习；其二，由于思想政治课程的受众极为庞大，故而要达到“慕课”的要求需要极大的资源投入，这对于一般高校而言难以实现。简言之，思想政治教学所遇到的情景与“慕课”成功的教学逻辑并不匹配。

诚然，作为网络时代的必然产物，“慕课”所传达的理念映射出高等教育的未来。但在现阶段，想要用“慕课”代替传统课堂教育以急速提升高校思想政治教育的效果是不科学的。故而，实现“慕课”与传统教学的内在融合，即以课堂教学为主、“慕课”为辅的思想政治教育改革才是符合教育发展客观规律的创新实践。

七、政治话语、学术话语与大众话语

作为理论的重要载体，话语是指语言作为一种社会交往方式在具体情境中的运用。传播理论的实质是话语的沟通与认同。而思想政治教育的核心就是通过话语交流使教育者与受教育者达成共识。故而，高校思想政治教育改革内在包含着话语创新的内在意蕴。一般而言，思想政治教育主要包括三种话语：政治话语、学术话语与大众话语。政治话语，是指以党的文献为基本遵循，以表达国家的方针政策为基本内容，具有强烈政治方向性的话语体系。政治话语是思想政治理论的主导性表达方式，决定着话语体系的基本方向、主导原则和主要内容。学术话语，是指以学术文献经典为基本参考，以论理性为基本原则，具有创新性的话语体系。学术话语是思想政治理论的基础性表达方式，直接决定着理论体系的逻辑性、严密性及合理性。大众话语，是指以日常生活现实为基础，以生活语言为表达方式，具有生活气息的日常语言系统。可以说，话语创新的实质在于三种话语方式的结构创新，而实现高校思想政治教育话语改革的关键就在于此。

从现有的研究成果和实践经验看，虽然高校在话语创新方面取得了阶段性成果，即实现了三种话语结构的初步构建，但所暴露的问题也日益明显：没有实现大众话语与学术话语的协同运转。要么只是对政治话语进行学术话语解读，即对国家政策出台的现实背景、理论渊源、内在意蕴等方面进行系统阐释，以期获得理解与认同，使教学呈现“深入深出”的状态；要么只是对政治话语进行大众话语转换，对大政方针进行日常生活化分析，使教学呈现“浅入浅出”现象。因此，如何实现三种话语的系统融合以达到“深入浅出”成为思想政治教育改革应当破解的关键问题。

从本质上看，三种话语系统融合是要使政治理论本身的方向性、学术理论的合理性与创新性以及大众话语的生活性结合起来，使学生能够在思想政治教育中获得最大的收获。而这种融合的关键在于：政治话语学术分析，学术话语大众表达。政治话语学术分析，是指用严谨的学术论证使政治话语得到强有力的支撑，用理论的魅力使人信服。同时，学术话语也要经过适当转化，即用生活话语清晰解释和表达既定内容，拉近理论与学生之间的关系，使学生能够切实感觉理论本身并不遥远，进而使政治理论受众、政治理论逻辑和理论传播者之间能够真实统一起来。这就需要从两个方面着手：首先，提升对话语融合的认知程度。三种话语的系统融合不仅是教学实效性的重要保证，而且充分映射出实现人的全面发展的教育理念。衡量实现人的全面发展的标准之一就是看是否满足求真、求善、求美的崇高诉求。而实现政治话语、学术话语和大众话语的融合恰好能够使受教育者在感受话语魅力的同时，满足人类对真、善、美不懈追求的欲望，进而全面提升了道德素质与审美品位，在潜移默化中与教育者达成共识。其次，要构筑相关机制予以保障。学习机制是保障话语创新的重要基础。无论是对即时信息的获取，还是对现实事例的收集，尤其是对于最新学术成果的借鉴和吸收，都需要有相关的学习机制予以保障。这就需要相关部门从制度设计层面予以支持，即从制定个人学习机制和集体学习机制两个层面予以突破；组织机制是保障话语创新的基础环节。思想政治教育话语创新是一个庞大持久的系统工程，要对教学辅助材料、教案、教学用具等方面进行系统革新，因而需要不同年龄、不同资历的教师进行团队合作，并经过长期的实践活动才能获得较好的效果。因此，合理的组织结构的设立和组织规则的制定就显得越发重要。服务机制是保障话语创新的必然选择。加强在资源的投入、人员的组织和信息的反馈等方面的公共服务机制的完善，避免话语创新实践成为“纸上谈兵”。

八、主渠道与微循环

随着国家意识形态安全形势的日趋严峻，高校思想政治教育所承担的任务也愈加艰巨。为了达到预定目标，各高校在教学改革中都不遗余力地在资源分配方面（如课时、经费、福利等）向马克思主义专任教师倾斜，极大促进了其教学与科研的积极性。但同时，繁重的工作与沉重的压力也使得马克思主义理论工作者时常感到疲惫不堪，以致影响了工作效率与预期结果的达成。如何破解思想政治教育领域内资源投入与效果产出的失衡现象，也成为学界亟待解决的重大问题。

从理论上看，此问题所涉及的是高校思想政治教育渠道的格局问题。所谓思想政治教育渠道，是指在教育主体与客体之间的传导系统，其直接关涉到思想政治教育的信息运行状态。按照信息传递载体与方式的不同，可以把课堂教学称为高校思想政治教育的“主渠道”，而把学生社团、辅导员系统以及相关部门的宣传工作称为高校思想政治教育的“微循环”。主渠道与微循环相互促进，才能使思想政治教育的信息传递得以畅通。近些年，大部分高校都在加大与拓宽主渠道层面上着手，使得主渠道能够最大限度地发挥其传导信息的功能。但缺少微循环辅助的主渠道，难以实现思想政治教育的全覆盖，也不能形成系统化的教育氛围。尤其当主渠道由于工作繁重出现“临时性瘫痪”时，缺少微循环的教育系统也将濒于崩溃。

因此，疏解主渠道，激活微循环[①]，实现两者的可持续运转，应当成为高校思想政治教育改革的重中之重。首先，完善相关部门的宣传功能。加强马克思主义理论宣传，使之真正融入校园文化之中，并成为其内在核心，是高校宣传部门责无旁贷的重要使命，也是构建思想政治教育渠道网络化与系统化的重要抓手。只有让被教育者在日常学习生活中，潜移默化地接受以马克思主义意识形态为核心的校园文化的熏陶，思想政治教育的实效性才能得以保证；其次，构建以辅导员为主体的心理咨询机制。作为德育教育的重要方法，心理咨询能够及时针对受教育者出现的心理或品质问题，采取缓解或疏导的方式，恢复心理健康。故而，要建立以高校辅导员为主体的心理咨询机制，使其能够利用与学生时常接触的优势，密切关注并引导学生的心理或品质向健康状态发展，进而维护其精神世界的生机与活力；再次，鼓励学生社团参与思想政治教育工作。思想政治教育不能只是定位为特定管理者的任务，而是要扩展教育主体的范围，实现多元主体教育模式。作为高校内的自发联盟，学生社团更容易获得个体学生的认同，以此平台进行宣传教育工作能起到事半功倍的效果。

九、普及模式与提高模式

近些年，为了提升思想政治理论的吸引力，高校教学改革的重点放在如何增强马克思主义理论教学的生动性、灵活性、时代性等方面，故而，引进网络化教学手段、提升多媒体应用技术、完善实践教学设计等都成为相关部门的着力点。但在形式极致化的背后，却也暗藏着隐忧：思想政治教育改革的“庸俗化”趋向愈加严重。因此，如何破解教育改革出现的新难题，成为学界探讨的热点。笔者认为，要从根本上破解此问题，需要处理好思想政治教育中的普及模式与提高模式之间的关系。这就需要从毛泽东的文艺普及理论中汲取养分。

众所周知，毛泽东不仅是一位优秀的政治家，而且也是一名颇具造诣的文艺理论家。在 1942 年《延安文艺座谈会上的讲话》中，毛泽东系统阐释了文艺普及的基本内涵与实践要旨，基本要点包括：其一，文艺普及要为人民大众服

① 刘建军：《论思想政治教育的主渠道与微循环》，《思想教育研究》，2014 年第 9 期，第 56-59 页。

务，即不仅要普及人民大众所能接受的文艺内容，而且文艺工作者要深入群众，了解群众，向群众学习；其二，要处理好文艺普及与文艺提高之间的关系。由于在延安时期，广大人民群众（主要是工农兵）要与敌人进行残酷的斗争，而他们又大都处于文盲状态，因此急需一种普及性的文化启蒙，“去提高他们的斗争热情和胜利信心。”[①]因此，强调内容的通俗性与生动性，成为当时文化宣传工作的要点。但毛泽东也明确提出，普及工作与提高工作不能截然分开。随着人民群众知识水平的不断提升，文艺普及的内容也要随之提高。“这种提高，为普及所决定，同时又给普及以指导。”[②]其三，要根据政治标准与艺术标准及其社会实践结果对资产阶级文艺进行批评。毛泽东的文艺普及理论，不仅为当时文化宣传工作提供了重要思想支撑，而且对于当前高校思想政治教育改革有着重要启示，即要实现普及基础上的提高模式。

如果说普及模式，意味着教学内容要具有生动性以及教学方式要具有时代性，以利于普及性启蒙；那么提高模式，则要求注重教学内容的逻辑性与深刻性以及教学方式的规范性与反思性，其旨在于提升对理论逻辑的认知程度。而普及基础上的提高模式，则要求对理论的阐释不仅要从生动的事例出发，而且更为重要的是对原有文本的解读、思想史的梳理与现实情景的分析，使理论的逻辑魅力得以彰显。强调此教学模式，并不是对马克思主义大众化的偏离，反而是深入了解大众状态与洞悉现实情境的结果。首先，受教育者素质的普遍提升决定着此教学模式的出场。当前高校思想政治教育的主要受众是在互联网和多媒体陪伴下成长起来的“95后”。这意味着，此群体不仅接受过以生动事例为主要阐释方式和多媒体演示辅助的系统教育（初、高中政治教育），而且其获取信息的能力和意识得到明显提升。因此，如果高校思想政治教育依然过度强调“普及模式”，那么必然会使学生产生“话语疲劳”，进而影响教学效果。而在授课过程中，恰如其分地引入文本解读与渊源梳理，不仅能拓宽学生的知识域，而且会激发起学生的求知欲，进而达到预定的教学效果。其次，维护马

① 毛泽东：《毛泽东选集》第三卷，人民出版社1991年版，第862页。
② 毛泽东：《毛泽东选集》第三卷，人民出版社1991年版，第862页。

克思主义在意识形态中主导地位需要此教学模式的出现。作为捍卫马克思主义的“战士”，高校学生不仅要意识到西方反马克思主义思潮对于中国意识形态冲击呈现越演越烈的态势，更要能够从马克思主义视角对其错误言论进行理性分析和彻底驳斥。这就要求，高校思想政治教学要重视普及基础上的提高模式，即对马克思主义理论进行深入解读，以提升学生的理论分析与批判能力。

而要真正实现普及基础上的提高模式，不仅需要高校思想政治教育工作者对马克思主义理论有深刻理解，而且能够适当采用辅助教学手段，使艰深的理论体系以通俗化和时代化的方式表达出来，同时也需要有关部门能够设计恰当的制度，营造浓郁的求知氛围，以使学生能够在探索真理的坎坷道路上奋勇前行。

十、理性认同与感性认同

众所周知，高校思想政治教育的目的就是实现受教育者对国家、民族、中国共产党、中国特色社会主义与马克思主义理论的深刻认同。而要较好地实现此目的，关键是要构建认同机制。认同，是当代社会科学领域的常用概念。从本质上看，认同是指人们对共同事物及属性的确认，其包括三个内在特征：其一，认同是以自我为中心的，即它是主体在实践过程中反思自我、寻找自我和确认自我的过程；其二，认同是一种关系性概念，即它是在主体与客体的平等认知和信任的基础上建立起来的；其三，认同是对人类终结关怀问题的暂时性解答，即它在一定程度上为“我是谁？”“我从哪里来，将去向何处？”等问题提供了可理解性答案，“是对生命意义的终结关怀”[①]。而认同机制，是指主体产生认同的内在机理。要构建认同机制首先要解决思路问题，即要处理好理性认同与感性认同之间的关系。感性认同，强调的是外在环境与实践经历对心理状态的作用；理性认同，则强调主体做出理性选择的内在逻辑。从本质上看，两种认同是内在统一的：主体首先通过外在生活环境对事物产生初级的感性认同，在经过系统学习之后，能够根据事物的本质规律进行理性分析和选择，进而产生理性认同，而多次的理性实践选择会促生稳定的心理状态，即高级的感性认

① 崔新建：《文化认同及其根源》，《北京师范大学学报（社会科学版）》，2004年第4期，第102-104页。

同（价值认同）。因此，根据客观实际的不同，选择构建不同类型的认同机制（也可以混合构建），是实现思想政治教育目的的关键所在。

近些年，高校思想政治教育改革在构建认同机制方面投入大量的资源，在一定程度上达到了预定目的。但希望跨越理性认同直接实现价值认同的急切心态，也使改革工作出现事倍功半的负面效果，即片面强调“自上而下”的“灌输”路径，使受教育者产生抵触情绪。通过行政管理手段，教育者站在道德的制高点上通过事例等手段进行情绪渲染，是“灌输”路径的主要表现。此路径在一定程度上能够暂时有效地使学生确认自我并产生认同，但却难以持久有效。究其原因在于，随着政治民主化和经济市场化时代的到来，人们对现实利益的向往与追求使传统的道德逻辑让位于利益逻辑、权威逻辑让位于平等逻辑。同时，作为新时代的宠儿，高校学生的平等、批判与反思意识在互联网技术的促动下变得越发强烈。故而，强硬的“灌输”路径已经难以起到应有的效果。因此，要转变思路，实现“自下而上”的“生成”路径，即主张通过理性对话而使受教育者产生自我理性认同。此路径不仅符合认同的本质属性，即主体通过平等认知以确认自我的过程，而且也适应当前高校学生的实际状态，能够产生较好的效果。

后　记

本论文集虽然篇幅不大，却凝聚了授课教师和学生的心血。在这里我们不仅要感激刘永志、黄娟、李秀红、张云飞、李晔、包巍、陈春利等诸位老师的大力支持，而且要特别感谢陈兴艳、蔡文玉、曹晓玉、金萧、刘东峰、赵爽、马丽君、王炜、翟汝其、赵丽、佟华华等多位同学的鼎力相助，也要感谢谭亚军、郭燕同学对论文集的认真校对。本论文集只是“《习近平谈治国理政（第一、二卷）》研读”课程系列教研成果的一部分，希望能够以此为契机，不断推出高水平的教研成果，推进该课程不断完善。

本论文集是教育部2018年度示范马克思主义学院和优秀教学科研团队建设项目重点选题“改革开放40年高校思想政治理论课建设经验研究”（项目编号：18JDSZK019）以及2018年燕山大学研究生教育教学改革项目“‘《习近平谈治国理政（第一、二卷）》研读’课程规范性建设研究”（项目编号：JG201801）的阶段性成果，也是北京高校中国特色社会主义理论研究协同创新中心（清华大学）以及河北省中国特色社会主义理论体系研究中心的年度成果。

王新华　陈步伟

2020年1月于燕山大学人文馆